教师专业发展学校探索书系

WOMEN DE JIAOYU XUSHI
ZAI NONGCUN ZHONGXUE DINGGANG ZHIJIAO DE RIZI

# 我们的教育叙事

## 在农村中学顶岗支教的日子

主编　黄景忠　赵复查

暨南大学出版社
JINAN UNIVERSITY PRESS
中国·广州

图书在版编目（CIP）数据

我们的教育叙事：在农村中学顶岗支教的日子/黄景忠，赵复查主编．—广州：暨南大学出版社，2012.9
（教师专业发展学校探索书系）
ISBN 978－7－5668－0313－9

Ⅰ.①我… Ⅱ.①黄…②赵… Ⅲ.①农村学校—中学—教学研究 Ⅳ.①G725.822

中国版本图书馆 CIP 数据核字(2012)第 197827 号

**出版发行：暨南大学出版社**

地　址：中国广州暨南大学
电　话：总编室（8620）85221601
　　　　营销部（8620）85225284　85228291　85228292（邮购）
传　真：（8620）85221583（办公室）　85223774（营销部）
邮　编：510630
网　址：http：//www.jnupress.com　http：//press.jnu.edu.cn

排　版：广州市天河星辰文化发展部照排中心
印　刷：佛山市浩文彩色印刷有限公司

开　本：787mm×960mm　1/16
印　张：12.75
字　数：242 千
版　次：2012 年 9 月第 1 版
印　次：2012 年 9 月第 1 次

定　价：26.00 元

# 序

## 在教育反思中成长

去年，我院与潮州市6所农村中学建立教师专业发展学校，之后，双方合作开展了师范生顶岗支教活动。在顶岗支教的动员大会上，我给学生布置了一道“作业”，要求每一位学生实习后都必须写一份类似教育叙事的文章。现在，呈现在大家面前的这部书，就是从学生“作业”中择优编选出来的。

我是在一次出差的旅途中通读这部书稿的。在飞机上，我边阅读，边对个别文字做一些小修改，放下书稿，很是感慨。我是讲授文学课的，但必须承认的是我已经有许久没有阅读到这么鲜活的令人感动的文字了。请阅读下面一段：

这些小孩子表达对你好的方式很简单，有时带点小食物，下课后就偷偷塞过来。碰到我冰冷的手就几个人轮流用手来温暖我的手。有时我一连上好几节课，站得腰酸背痛的，他们也会主动地给我捶捶背。有时候集体向我撒娇，我都分不清我到底是他们的老师还是姐姐。……我在短短的一个学期中陪他们成长，看到他们的好和坏。临走的时候，初三的孩子跟我说：“我们不会像初一初二的笨孩子一样哭鼻子，老师你也不能流泪。”于是，他们都微笑着跟我道别，用力地拥抱。但我转身上车的时候我看到他们都在默默流泪，我内心很柔软也很不舍。（陈树丹《我那活泼、可爱又顽皮的小孩》）

在这部书中，类似的片段还有很多。这些文字让我再一次思考一个教师需要经常向自己提出的问题：什么是教育？什么是教学？在我们的观念中，教育教学是一门技艺，有了好的技艺，就可以将自己学到的知识传递给学生，就可以开启学生的智慧之门。可是当我们真的站在一群学生面前的时候，有时你会觉得再好的技艺也难有用武之地，你会有一种无力感，因为学生的心门是关闭的，他们没有打算接纳你。所以，教育首先要让学生向你打开他们的心门，而这，需要你敞开胸怀，用宽厚仁慈之心去拥抱他们、宽容他们、爱他们。在这个意义上，教育首先是一种爱的艺术，正如雅斯贝尔斯所说的，教育就是“与人格平等的求知识获智慧的人进行富有爱心的交流”。一方面教育需要科学的设定、技术的控制和导引；另一方面，教育是师生之间对话、理解、交流的活动。好的教育，是散发着人性光辉和生命活力的一种活动，这也是教育这一职业的魅力所在。许多支教的学生，对这一点是深有感触的，半年的教育实践，使他们慢慢地建立了对教育的情感。

在这部书中，我们还可以读到支教学生各种各样的感悟和体会：

“对于学生的错误，我们应少些怒气，多些耐心；少些激情澎湃，多些理性思考；少些急躁，多些宽容。因为我们是老师，他们是学生，所以，我们要善待他们的‘犯错’，要用自己的教育智慧使这个‘错’成为他们人生中一个最值得回忆的美丽的‘错’。”（林漫《班主任要善待学生的“错”》）

“一个真正有人格魅力的教师，应该去尊重和宽容每一个学生，平等公平地对待所有的学生，无论学生是聪明的还是愚笨的、乖巧的还是顽劣的，我们都要一视同仁。平等地对待每一位学生，不仅使教师的人格大放异彩，更主要的是能够让学生纯洁的心灵得以健康成长。”（黄晓春《教师要平等对待每一位学生》）

坦率地说，这些并非他们独到的发现，其中的观点或思想恐怕在教师教育课程中都会接触到，关键在于，我们所阅读到的已并非书本的理性层面的观点或思想，而是外在的教育知识与个体的教育实践碰撞之后经过反思生成的领悟和觉知，或者说，这些已经转化成为支教学生的教育意识了。在我看来，一个教师的成长，就是要不断地将外来的知识，经由个体的教育实践，在碰撞与融合中转化成为内在的对教育生活的发现和觉知，转化成为个体的教育意识。在这个过程中，反思是非常重要的一个环节，没有反思，就没有发现和觉知，也就不会有教育意识的生成。我们之所以提倡教育叙事，并不仅仅是让学生讲述他们教育生活中动人的故事，更重要的是让我们体味和反思这些故事中蕴含的教育意义，从而形成真正属于他们的教育意识。我们欣喜地看到，这一点，大多数学生都做到了。

当然，教育叙事还有另一层的意义，那就是让我们从对教育生活的反思中体味和发现作为一个教师生命存在的意义，让我们活得更为充实、更有生趣、更有意义。在这部书中，我们能够清晰地感受到这一点。我们在反思教育生活，同时，也是在反思我们的人生。若干年后，我们会从这些文字中看到一个教师成长的痕迹，同时也会看到生命生长的细微脉络。

在本书出版的时候，文章的作者们将会走出校门开始他们的教师生涯。我相信，顶岗支教和教育叙事，将是他们人生中一笔宝贵的精神财富。

衷心祝福他们。

黄景忠
韩山师范学院教务处
2012 年 4 月

# 目录

# 写给那些逝去的日子

中文系 20081016　张晓敏

依稀记得那天的天气很晴朗，天空很蓝，我们的心情有些许期待、些许不安。那天就是我们来到新圩中学的第一天——2011 年 8 月 28 日。

转眼间，为期一学期的实习已悄然结束。想到可以回学校继续我的学生生活，脸上难免浮现笑容。离开新圩中学的这段日子里，我很是感慨校园的生活，但是心中又是何等的不舍，最不舍的莫过于朝夕相处了一学期的孩子们。想起离别时的情景：每个人都抱在一起哭，带着哭腔在那不停地唱着《一路顺风》，追着我们的车子不停呼喊："老师，别走!"一想到这些，眼泪就会忍不住在眼眶中打转。但是不舍归不舍，我们每个人都有自己未完成的"使命"。他们有他们的生活和学习，我们不可能永远陪伴他们。我想在新圩中学的这段日子将会是我们共同的美好回忆，是值得我们一辈子好好珍藏的记忆。

这一学期，我担任 802 班的辅助班主任和 801 班的语文老师。刚开始时，他们都觉得我很严肃。记得上第一节课，我就把 801 全班学生都震住了，我脸上一点笑容都没有，这是后来和学生交流才知道的。但是慢慢地他们发现，我其实并没有那么可怕，我一点也不严肃，反而很可爱。这也是他们对我说的。当我听到这些话的时候，心里暖暖的，眼眶也湿湿的，觉得自己得到了认可和肯定。作为一名教师，最想要的莫过于得到学生的认可和肯定。

801 班是个比较沉闷的班级，有时教师上课的激情都会被这种沉闷浇灭。刚开始时，我很受打击，觉得自己特别失败，想到自己连初中生都没办法教，那要是以后教高中生该怎么办？我一直不停地问自己。我一直在想办法：到底要怎样才能激起学生的兴趣，吸引他们的注意力，让他们肯听我的课？后来有一次看了学生写的作文我才知道原来是我没有融入他们之中，没有融入班级。有个学生这样写道：老师你想知道如何和我们相处，如何管好我们吗？课后要多来班里走动走动，和我们聊聊天什么的，和我们"打成一片"，理解我们学生的想法，站在我们学生的角度来考虑问题。当时看到这些，我感慨良多。原来我一直都没有融入到他们当中去，原来我一直是以老师的身份在要求他们，我时刻要求自己要做好一个老师的角色，却忽略了原来学生渴望的是朋友般的老师，而不是高高在上、不可亲近的老师。后来我就试着以朋友的身份去和他们相处。每当他们有体育课，而我刚好没有课的时候，我就主动走过去和学生聊天、打球；下课的时候，我就经常去班里走动走动，看看学生是否有问题要问我，偶尔还和他们开开玩笑等等。日子久了，他们觉得原来我是那么好相处的一个人，原来我并没有拿老师的身份来压他们，并不是那么不可亲近的。因此上课的时候，大部分学生都很认真地听课（少数调皮捣蛋的学生还是会说悄悄话、做小动作），有时他们课后还会很亲切地叫我“敏姐”，他们把我当姐姐来看待，这样师生之间的感情就拉近了很多。

801 班有个很调皮捣蛋的男生，叫浩。他上课总是很喜欢搞怪，而且话也很多，总是和周围的其他同学说话，不仅自己不好好听课，还影响其他同学听课。一开始，我觉得他很讨厌，上课总是违反纪律，有时我上课的心情都被他影响了。有一次，我实在忍不住了，就很生气地叫他出去，一开始他还不情愿，感觉像是很不服气的样子。看到他那副表情，我觉得自己下不了台，作为一名老师，居然被学生无视，心里更是气不过。因此我很生气，很大声地说了句：“出去！”估计是被我吓到了（我想当时应该是全班同学都被我吓到了），当时我看到他好像惊呆了，似乎没想到我会那么大声地吼他。结果他就用狠狠的眼神看着我，然后很神气地走出教室。当时我生气极了，觉得整个上课的心情都没了，而其他的学生可能被我那一声“出去”吓住了，全班学生都很安静，连问问题都没有人回答。因此那节课上得很糟，我都忘了是怎么把课上完的。

自此之后，浩上我的课有时还是会搞怪、说话，影响其他同学听课，但是他也不敢太过分，有时就干脆睡觉。我想长期下去也不是办法，我必须再想个办法和他好好沟通，因为我感觉他只是在故意展示自己，目的是想引起我的关注或其他同学的关注。一次偶然的机会，我从其他学生的口中得知，原来浩的妈妈是个后母，而父亲常年在外工作，对他很少管教，而后母只疼爱自己的亲生女儿，也就是浩同父异母的妹妹。这样一来浩就变成缺少疼爱的孩子了。再加上浩是个男孩子，骨子里比女孩更调皮。父亲就更加不想去管他，不想去疼他。但是浩在家却很听话，后母叫他做什么，他都很顺从，对同父异母的妹妹也是疼爱有加。家里的家务活大部分都由他来做：煮饭、收衣服、洗碗等。当听到这些时，我的第一反应是我之前不该训斥浩。我还没了解他，就对他妄下定论：认为他是个很叛逆的学生。原来他上课时的那些表现真的只是为了引起他人的关注，让他人知道他的存在。他在家长那里得不到关注，心里自然很难过，因此在学校他就尽量找机会来表现自己，尽管这是一种很不明智的自我表现方式。

后来，我就更多地关注他，上课我总是有意地提问他，而他似乎也很乐意回答我的问题。有一次，我要班里的同学排演《桃花源记》，便特意要求主角——渔人由浩来演，当时他并没有不乐意，还很认真地背我写的台词。后来我听其他同学说他只用了一个早上的时间就把台词背熟了。我想他应该开始认可我，想和我好好相处了。我布置的作业他也开始很认真地完成。我也开始在他的作业本上写“优”，并写了大大的“好”字，还画了个笑脸给他。（我一般都会在学生的作业本上画笑脸）结果，往后的作业他总是第一个交，而且还亲自交到我的手上，好像生怕交到组长那会不见似的。我也曾和他再次交流过，我告诉他，我得知了他家里的一些情况，并告诉他之前我不该吼他，以后我会以姐姐的身份跟他聊天，我发现他的眼眶红红的。后来我再没有说什么，因为我想他心里应该明白我是真心为他好。

欢送会那天，当我跟全班同学告别的时候，我发现他一直默默地坐在角落里，当我开始唱《大约在冬季》时，他竟然像个小孩一样，趴在桌子上痛哭起来……我知道他舍不得我离开，其实我又何尝不是呢？那天，看到他们亲手为我做的礼物，听到他们亲自为我唱的歌，收到他们一个个对我的祝福，看着他们不舍的眼神，我的眼泪再也控制不住了……

离别那天，浩也是一大清早就来到学校。他特意跑来告诉我说：“老师，过年的时候我会给你拜年的，不管以后成功还是失败，我都会告诉你。你一定要回来看我们，我会做好吃的给你吃……”当听到汽车“叭叭叭”的声音，他明白我即将离去，我突然发现他的眼眶顿时红红的，一见我看他就立刻转过头去，不愿让我看到他的眼泪，我很明白他心里的不舍，而我也一样。

类似这样的学生还有很多，一开始他们都对我很反感，但是慢慢地我们相处得很愉快。

其实每一个学生都需要老师的关注、关爱和鼓励。在新圩这样环境里的学生，需要更多的关爱。只是有时候我们并没有那么多的耐心和时间，去好好地和他们交流沟通，慢慢去了解他们的情况。

这次的实习，真的让我体会良多，这对我以后的教学来说，将是一笔无比珍贵的财富！

# 东山，我那无法放下的爱

物电系20081212　许冰虹

在季节变化中，一切都已过去。提前结束大学生活而选择支教的我们，过的是一段未曾想过的时光。也许，在一年之后，我依然会走上更远更长的支教路。

在东山才待了一个月，我就感觉像来了很久一样。大家在早已习惯把自己当成东中老师时，却忘记了自己其实也是韩师的一名学生。只是我们过于投入，把东山当成了自己的家。用王老师的话讲："东山就是我们的家，东山的孩子就是我们的孩子，我们将献身于东山。"之前我们总说自己是被流放到东山的，但现在我们却越来越喜欢这里，舍不得这里。偶尔有事回韩师，心里都还会惦记着这里的老师和学生。

这里的学生真的很乖。记得第一天我们大扫除时宿舍停水，我们到楼下打井水时就有学生帮我们把水提到宿舍门口，然后一声不吭飞快地离开现场。这里学生的热情让我们一下子就进入了教师的角色。

跟孩子们接触得越多，我们就越心疼、越着急，想为这些孩子们做点什么，但在现实面前，一切都好无力。

这里的学生学习条件真的很艰苦，二十四个学生一间宿舍。宿舍规模就跟我们支教女老师住的一样，而我们只住了六个人有时还会磕磕碰碰。宿舍没安装风扇，学生中午热得不行，所以都没有午睡的习惯，下午上课时就多了一个个"特困生"。

这里的大多数学生都是留守儿童，家庭教育跟不上。很多学生从初一开始就打架斗殴、无心向学，他们来学校只是为了应付家长，或者"混"个毕业证书。甚至有很多人还不把这一张"纸"放在眼里，觉得在学校根本就是坐牢。于是，打架吵闹是他们的必修课，听课考试则是选修课。

其实这些孩子都很可爱，是不是我们的教育出错了，是不是我们还不够用心？

开学不久，和902班的学生一起装扮教室的学习园地时，我就被他们深深地感动了。那天我身体不舒服，班主任说这件事交给班干部去办就好，让我回去好好休息，不用操劳。等到那天下午开完教师会议，我从实验室搬仪器去级室经过教室时才发现，很多班干部都是外宿的，一放学就都回家了，只留下我们班的生活委员月和纪律委员丽。学习园地还没开始装扮，材料也没买齐。我赶紧让班上的君骑单车载我去镇上买材料。一路上我们两个人还一直在构思着该怎么着手、怎么设计。车子居然在半路上掉链子了，君用手把车链接上，她弄得满手黑黑的油迹却不让我沾手。看着这么狼狈的一幕，我们都笑了。我感觉自己是备受保护、备受宠爱的。班主任指导老师不忍我太操劳，学生还这样护着我，甚至怕我弄脏了手。很多学生向我打招呼，甚至开玩笑说怎么是学生载着老师。这群孩子，真的太可爱了。回到教室我们几个人赶紧一起在墙壁上贴白纸，简单布置了之后已经是六点半了。我赶她们去吃饭，因为学生食堂快关门了，可她们怎么也不肯去，说要弄完才能安心。我威胁她们，如果她们不吃饭我也不吃。我一边说，一边推着她们往教室外面走，好说歹说她们才肯去吃饭。我心里着急，可也不能让这些孩子们饿着肚子。我跟她们说，没弄好没关系，还有老师在呢。虽然校长已经下达命令，夜自修前各个班级的学习园地必须弄好。这些孩子对工作这么认真负责，我怎么忍心让她们那么劳累，而自己却在宿舍休息。吃完晚饭我赶去教室，学习园地前已经围了一大群我们班的学生，我很开心。由于教室还得上夜自修，我们只好转移阵地，把东西搬到级室继续奋战。在此期间，我教她们做礼花，跟她们聊我初中的事情，包括之前的不懂事，跟老师“抬杠”，上课睡觉传纸条……我给她们讲自己叛逆青春的故事，她们感触蛮大的。其实每个人都会有这么一段叛逆但真实的日子，没有对与错，没有好与坏。只是现在初三了，孩子们也该长大懂事，该为自己的人生负责，好好想想以后的路了。

离开东山有几个星期了，我终于有勇气翻开902班这群孩子给我写的“留言录”，泪眼模糊。我想起在东山的他们，最调皮最捣乱的，也是我为之付出最多的孩子，以至于我离开之后每夜梦回还会看见他们。

梦醒时眼角有泪，打开手机里面塞满了他们的短信、留言。收到这些孩子的礼物，我就立刻想起，这是我们的约定。回忆起小巧说过给我做那些橄榄，坏的就留给谁谁吃，我眼泪就马上掉下来。那个下午她说：“以后吃着橄榄你就会想起我们一起爬树摘橄榄，想起我们一起去水库，想起我们一起熬夜准备看日出，想起我们错过日出但也一起看了日落，想起我们说起以前各种各样的故事，想起属于我们的秘密的那晚……”这些我都记得，我都记得她们对我的好。翻开大家的留言，培奇老师（902班班主任）和902班的孩子们又一次让我陷入了那个梦。我真希望可以一直留在大家身边，因为我们还有好多好多约定。我们要一起爬山，一起看日出，一起补课，一起毕业……

当902班的“妈”是苦的也是累的，但更多的是感动与幸福。

这是一场漫长的“战争”，如果能够只做一个旁观者，不痛不痒就好了，不至于手足无措，爱莫能助。面对他们，我更多的是无奈与无能为力。到后来，我每天都操着当妈的心对那些孩子絮絮叨叨，劳心劳力。

在902班的那段时间，我把很多精力花在班上那几个较“厉害”的学生身上。我觉得，把“头”整理好了，其他就简单多了。

班上有三个特别的“坏女孩”——巧、丽、佳。从一开始就听说她们特难对付，很多老师对其“谆谆教诲”，但还是无法改变“坏女孩”根深蒂固的想法：女孩不坏，男生不爱。

第一次上课，我没怎么注意到她们，那还算安分的一节课，她们并没有马上给我这个新上任的班主任、物理老师颜色看。第二节课下课后，我终于有幸见识到她们：被英语老师抓到级室罚站。她们的发型很时髦，一顶爆炸头，一只耳朵上打了好几个耳钉，化着淡妆，可以轻易看出她们标致的五官和很干净的脸蛋。

第一印象很深刻，就是不知道她们的秉性怎样？

第二次接触，就是在准备学习园地的那个晚上。我跟班上一群女生嘻嘻哈哈地做着纸花、剪纸。小巧她们几个也蛮配合我的工作，看来她们的本性还不坏。我有意无意地跟学生聊起自己叛逆的初中时代和“从良”的初三阶段。我把过去当笑话讲，她们把故事当玩笑听。突然有个女生怯怯地问：“老师，以前学坏现在想学好很难，怎么办？”我一看，居然是佳，看来她还是个可造之材。我坚定地说：“可以改的，我不就是一个最好的例子吗？”我觉得以自己作为教材比起任何言语的教育更直接更有说服力。

再次接触，是去她们村子水美看望一个受伤的男生——丰。当时，我在水美小学看到几个挺乖巧的女生，但一眼没认出是她们。后来听着她们的相互称呼，才发现原来是她们，看来我还是不够用心。经过一个下午和一个晚上的相处，她们慢慢开始接纳我，不再把我当成高高在上的班主任了。我要的就是这种效果：走近她们，与她们成为朋友。对于这些人，不是极强硬的手段就必须是极柔的政策。对我而言，强硬的手法一向不适合我，所以只好选择怀柔政策了，所幸她们吃软不吃硬。在这次的间接家访中我得到一些有利的消息：佳的家庭是重组的，后妈不让她读书，她自己本身却很想读书，因此她很无奈也很无助；班干部在管理班级纪律时不是很得人心，甚至被大多数人讨厌；那些捣蛋调皮的孩子其实在家很乖，都会帮父母做工赚钱……

从水美回来以后，她们几个女生集体感冒。学校没有供给学生热水，我自己煮一壶水拿到她们宿舍，一个个喂药，嘘寒问暖。我真心关心她们，心疼她们。小丽只有一条小小的被单，我把自己的拉舍尔毛毯拿给她，她在不敢接受的同时却被感动得无以言说。（小丽：副班主好好哦！居然送热水又送被子，感觉好温暖哦！谢谢啦，嘿嘿。）

经过这次的关怀事件，她们心里的最后一道防线已经被我攻破。之后在我的课堂上她们都不再说话，特别乖巧，积极地回答问题，认真地做笔记。各科任老师也都反映说："她们怎么了，突然变了？"看来她们没有辜负我的苦心。

周二的那场班会至今我还记得。我给班上学生上了一节亲情测试的心理课，把那群"没心没肺"的学生全部整哭了。一开始进展得不是很顺利，学生不按游戏规则去做。他们下不了笔，说对于每位亲人谁也舍不得划掉。他们的眼泪还没逼出来，我不能就此放弃。我把自己的亲身经历讲出来，就怕他们不哭。后来事情的发展跟我想象的一样，班上学生全哭得稀里哗啦。看着他们那个样子，我还真的不大舍得。可是，如果不这样，估计他们不会为自己的父母着想，不会为自己的未来着想，整天优哉游哉，在学校混日子，以后走出学校被日子混。下课后，有几个女生到办公室找我，包括那三个女生。看到她们眼睛都还红红的，想必刚才流了不少眼泪。特别是佳，还一直在掉眼泪，这是我预料中的事情，想必她是想起自己的亲生母亲了，我把她揽在怀里，安慰她。看来，这次真的是成功了，可是付出了太多，牺牲了太多。

最后一次进入水美，是给班上两个女生过生日，其中之一就是佳。期中考试刚过，我很多事情处理得差不多了，就顺便过去进行二次家访。其实主要还是心疼佳，所以我决定再次放下老师的架子走近她们，当一次姐姐，聆听她们的心声。可以说，这次家访很成功。那晚，学生全哭了，把所有委屈、所有烦恼、所有无奈、所有无助都一一诉说出来。几个人在一起痛痛快快地哭了一场，大家聊天聊到凌晨四点多，可是值了，经过这一夜，可以说她们都完全信任我了。现在，我觉得自己真的不只是她们的班主任，更多的是她们依赖的知心姐姐。我要做的很多，尽可能帮助她们，改变大家对她们的看法，把她们真正引向"正道"。对于佳，她的烦恼在于她真的很想继续升学，可是家里反对，更多原因在于经济方面。我鼓励她认真学习，考好中考，告诉她之后的事以后再商量，人生没有走不通的路。佳的朋友都很爱她，说接下来每个月每个人会省下一百块钱给她当生活费。而在这一夜，我才得知她们那个星期为什么熬着胃痛还一天三餐不进食，原来是为了把钱省下来给佳过生日。很不懂事的孩子却也很懂事，这样怎能不让人心疼。"大姐大"小巧的问题在于她真的读不会，而家里逼着她必须拿到毕业证书。我跟她聊了很多，不谈学习也不谈升学，只谈感情、工作和未来。后来她说了这么一句话"女人想过得好，看来还是得靠学历”。够了，她开窍了，她答应我以后会好好学习，最后努力一把。在聊天的过程中我发现小巧是一个比较成熟的女生，她说：“我再怎么惹祸，我都有自己的原则：在家不连累父母，在学校不连累老师和校长。”可见，她还是一个比较懂事的孩子。看来，动之以情还是有用的。她说一开始她就打算好好整整我这个新来的老师，后来她慢慢地心疼我，慢慢地和我成为姐妹，“小巧挺你”！

事情的发展并不像我意料中那么顺利。就在期中考试家访之后，那几个女生真的变得很乖很听话。每次看到她们，我都觉得像看到了自己的亲妹妹一样。可是，不好的事情还是发生了——

她们跟班上一位女生打架，由于她们态度不端正，校长下令严厉惩罚她们几个。我很担心她们会因严厉的处罚而辍学，所以我先找到她们谈心。经过一番努力，她们把我的话听了进去，诚恳地向校长道歉，向那位女生道歉。校长最后给了她们机会，记一次大过，但不许再犯错，一旦犯错，绝不留情。我担心了几天，还好她们没事。后来她们在办公室当着其他老师的面向我道歉，并保证一定会继续读下去，直到把毕业证书拿给我看为止。至此，我想我已经改变了她们。后来我向校长说明佳的情况，希望能通过学校帮助她继续升学。可是由于这次的打架事件，触犯了规章制度学校也爱莫能助。我只能尽自己最大的努力帮助佳，我向佳以及她的家人承诺，只要这孩子继续读下去，一切都由我这个“姐姐”帮助她，唯一希望的就是家人能够支持她，不要让她退学。我知道自己这样的想法很幼稚，可是对于佳，这样一个十五六岁的小女孩来说，这一切变动随时都会改变她以后的命运。我们能做的真的很少，可是唯有尽力而为。

我带的也许是一个乱班，但我从未想过怎么处罚或者教训他们，而是想用我自己的亲身经历来教育他们，感化他们。都已经这么大的孩子了，道理能听得进去，关键是作为老师的我们，能否走进他们的心，走进他们的生活，更好地引导他们。

支教回来之后，我想了很多很多，始终觉得教育真的很难，我们能做的实在是太少了。

自始至终，东山，都是我无法放下的爱。

# 那一天，刻骨铭心

数信系 20081111　洪周根

## 一、出发

上学期韩山师范学院举办了一项很有意义的活动——支教。直到现在，我都很庆幸自己当时报了名，因为很多同学都把支教说得很艰辛很恐怖。一直以来我都热衷于教育事业，所以我也报了名，当然我也通过了面试。我选择了东山中学，我不知道东山中学是怎样的，在哪儿，只知道当时我就坚持要选最偏远的，因为我想挑战自己，所以就选了这所学校。

本来原计划要在 8 月 28 日出发，但后来由于东山中学在新建食堂，所以出发日期就推迟了几天，确定在 9 月 5 日。我了解了一些关于我们小组的情况，我们组总共有九个人，三男六女，教数学的只有我一个。其他八个人可以说是互不相识，我只和其中一个男同学有过一面之缘，知道他是中文系的，去年在维权部当部长时曾和他合作举办了一场“法律知识竞赛”。我们这组的组长叫曾丽燕，长啥样，当时我还不知道，其他的信息就一概不知。

9 月 5 日这天，早上 8 点半，我精力充沛，收拾好行李就喊了一死党——泽文，那天早上我就这一个亲友团。我本人对外出这事要求特简单，就一个包，装上几件衣服就 OK 了。不过还是泽文想得周到，怕我在那边买不到这买不到那，还给我买了一张席子。于是，我就背一个背包提一张席子来到了 B 区门口。一到那可把我给吓晕了，其他人至少带上一个足球队做亲友团，地上那东西啊，那才叫多。

车来了，那些足球队也开始给队友送别了，我就只有泽文给我送行。哦，不，其中一个组员的亲友团中有我一个同乡，他就顺便给我也送别了。哎呀，那些行李可把那些“体育健将”给累垮了。这一车还真给装满了，剩下那点空间恰好让我们呼吸。当然，这次活动学校相当重视，所以每个组都会有几个领导和我们一起过去，我们组也有两个，两个领导和我们以前都没见过面，不过他们都很好，很和蔼，也很关心我们！一路上和我们谈天说笑。

## 二、美丽的新世界

坐了一个半小时的车，我们就到了东山中学。

东山中学的全体老师和领导也都在校门口迎接我们，我们的车刚一停下就有俩帅哥冲过来帮忙搬东西，他俩很年轻，估计也是刚进学校不久的教师。但他们的这份热情让我意外的舒服，正所谓：天时不如地利，地利不如人和。所以这里的人给了我这么好的第一印象，也就更加坚定了我要竭尽全力去做好这份工作的信心。搬完东西后，领导就带我们去看各自的宿舍，先是帮女生把东西搬回女生宿舍，看到那宿舍，我感觉和韩师的差不多，就更欣喜万分。

看完女生宿舍大家就着急着问我们的宿舍，罗主任就带我们看了我们的宿舍。我们三个男生一块住。来到了一个乱得不能再乱，脏得不能再脏，跟鬼屋似的房子前面，罗主任说："我叫电工过来给你们安装电了，你们花点时间把房间打扫一下。"我在去之前明明就已经做好心理准备的，可怎么一见到这宿舍还是那样失落？大概是跟女生宿舍相比差别太大了吧。我们花了一下午，三个人总算把这间房子变成宿舍了，还好碰上这俩男生也算勤快。打扫完房子之后我们就出去买东西了，茶具是必不可少的。电热壶、茶杯、茶叶都买回来了，收拾完宿舍一切看起来都那么顺眼。剩下的时间，我们就将这东山中学转了个遍，深深呼吸这里的空气，感觉是那么鲜，空前绝后的鲜！

从那俩帅哥老师帮忙搬东西开始，我就恋上了这里的一切，一切都这么美好！真是个美丽的新世界！

## 三、为人师表

这美好的一切，是对我们选择东山中学的一个肯定，也正因为一切都是那么美好，我们很快就适应了这儿的生活，很快就进入了状态，进入了角色——老师。在大学里，我们都还是学生，虽然我们也是准老师，但我们对老师这一角色所要具备的素质和条件还不是那么清晰。

在第一次全体教师会议上，校长就提出：我们的支教老师当中有个别老师还是没把自己的角色调整过来。比如说衣着方面，有学生反映，有的老师在宿舍老是穿着短裤，光着膀子。这种现象在我们平时的大学宿舍里很常见，可作为一名教师这就是一个很不雅的习惯，以后必须改了。

还有一次我没课，上课期间就穿着拖鞋想去操场逛逛，但刚走到半路就让校长给拦截了。他说不能这样，要我回去换鞋。喜欢穿拖鞋是我一直以来的习惯。但从那之后，我在校园里就再不穿拖鞋了。这些小的习惯或许我们在读大学的时候都觉得没什么，很正常，但等到真正进入那样角色的时候才发现不能这么做，所以希望大家在还没进入角色之前就把这些习惯培养好。

还有一件事，学校发现有些同学抽烟，为了杜绝这种现象，江校长还发了一“毒誓”——一切从老师做起，所以他把自己抽了几十年的烟也给戒了。这是一个模范，我也抽烟，我知道戒烟是一件难事，这件事也让我很佩服。

……

所以请在校的师范生也时刻检点一下自己身上有没有作为一名老师不能有的习惯，如果有就要赶紧消灭了，要深刻理解“为人师表”这几个字的含义。

## 四、步入正轨

东山中学本来是计划先给我们一个月的见习，然后再上课，可我们很多人在第二周就开始踏上讲台，最晚的也在第三周就开始上课了。这或许跟这里的人文环境有关，领导和老师很好，很照顾我们，这里的学生也很懂礼貌，所以大家都迫不及待地想体验当教师的滋味。

我接的是两个初二班级的数学，802 和 803，都是普通班，还当了 803 班的班主任。我总觉得，上课对我来说，不是什么难事，因为我每年寒暑假在家都有办数学培训班，给高三学生补习，所以我很快就进入了状态。但在这期间，我身上的问题就不断涌现出来，毕竟支教与办补习班的差异太大：学生年龄上和我有差距，都比我小差不多十岁，不像那些高三学生一点就通；班里的学生基础差别明显；初中教学内容的安排我很陌生；一切都是新内容，不像高三那样都是复习课；上课有调皮捣蛋的学生；板书的形式……当我发现这些问题时，我都会及时去请教我的指导老师——王文娜老师。她很明确地给我指出该从哪里来突破，该怎么来做。我的这些缺陷就这样被不断发现，不断探索，不断改善。上了几周课之后，一切就都正常起来了，我上课也就基本没什么大问题了。在这一过程中的收获都是满满的，我也深深体会到这些收获对我以后接手教师工作帮助很大。

上面这些是我教学上的收获，更大的收获是班级管理方面的。我把它定义为“我人生当中的第一笔财富”。我接手的是 803 班，先简单介绍一下这个班级：班里一开始有 71 名同学，我离开的时候剩下 67 名同学，是个普通班，考试成绩平均二三十分，每次考试如果有 5 名学生及格就值得庆祝。班里有一个严控生，就是初一经常打架的学生，两个学生智商有问题，他们都很调皮。管理这样一个班级，确实需要很多手段。几乎是每节课都有事情需要处理，我也用棍子抽过好几位学生，偶尔处理这些琐事忙得连午饭都没法吃，从某种程度上讲，这不是体罚，而是建立威信的一种方式，这种手段显然见效。但经我了解，很多支教学校都无法采取这种方式，大概是这种方式比较特殊吧，能否这么做，只能见机行事。总之，作为一名新老师，一切都在摸索和探索中进行。可后来就再也不用这种方式了，他们都很自觉很听话，也很尊重我，师生感情也都不错。班会上我制定了很多班规，针对那些爱捣蛋的学生，实施了很多赏善罚恶的条例，犯错的写保证书，以保证书的封数为标准，达到几封就必须接受对应的处罚，提到两封就要挨打，他们没啥反应，可一提到达到四封就家访时他们就被吓傻了。呵呵，这班孩子真的可爱，我还真的从没家访过。上课积极主动回答老师问题的就加分，两周总结一次分数，并且给最好的小组发奖状，用班费买礼物加以奖励等等。为了提高我们班的“士气”，我还给我们班定了班训、口号和班歌。

班训是：尽力还不够，要竭尽全力！

口号是：东山东山，唯我 803，三班出场，势不可挡！

班歌是：《步步高》！

我绞尽脑汁，能想到的都想了，能用的也都用上了。他们把物理老师和英语老师气得连课都不想上，又得我们两个班主任出场。总之，每天都有这样那样的事，让人忙得不亦乐乎。

夜自修我总是去巡班，总有些初三生问问题，后来他们邀请我自修完给他们补课，所以后来还接了这么一个班，是初三的重点班。自己班的同学知道了这回事就来问我，那什么时候也给 803 班的同学补课。后来我也把周一周三下午放学后的第七节课抽出来给我带的两个班补习，所以，他们管我叫“补习哥”。

就这样，我每天备课、写教案、上课、找题、补习、处理班级的那些琐事……慢慢地，我还真忘了自己还是一名学生，忙得不亦乐乎。

如此学习，胜过啃四年书本，很多经验都必须去实践，实践是检验真理的唯一标准。只要你做了，吃苦了，经历了，就能得到这些经验。所以，我从自身的角度出发，认为支教这一项活动确实很有意义，希望能一直发扬下去。

## 五、走进生活

在这里每天的生活都很有趣，学校有很多年轻老师，他们大部分都是这两年才来的，像我们班的正班主任，也就是 803 班原来的班主任——涛，体育老师——君，内宿主任——邱主任，还有我们这些小老师。涛比我还小一岁，君大我一岁。地球说小还真小，涛是我一个很好的朋友的助理班主任，揭阳学院的。我们班的英语老师丽，我以前去阳江职业技术学院找同学玩的时候我们还一起吃过消夜，她还记得我，所以我感觉这里的一切都很熟悉，接受得也很自然。

我们宿舍周围种满了龙眼树，刚来东山中学的时候还是夏天，每天学生上课的时候，君就叫我们出来打龙眼，一打就是一大筐。每次韩师亲友团来探望我们的时候，这一“活动”就拿来招呼客人。

三个男生住一块儿也乐趣多多，特别是鑫，可活泼了。可以说，他到哪儿哪儿就“鸡犬不宁”。他在东山中学的这段时间也跟着我学会了喝茶，还会用潮汕话对我说：“洪老师吖，食。”每天一忙完我们就聊聊今天班里面有没有发生什么逗人的事儿，俩人一起分享。华忙着考公务员的事，所以也就聊得少一点……我和鑫每天总有笑不完的逗人事儿。

9 月 10 日，我过上了平生的第一个教师节，江校长给我们九个人补贴了五百块钱，由我们自己安排，这一天，我们打算把这五百块都给花了。君说要带我们去黄冈玩，就给我们做了导游，君在黄冈的一个跆拳道馆做总教练，他就抽了一早上时间带我们去爬山。大家玩得很开心，沿途的风景都那么迷人。中午我们请君吃了顿海鲜。

期中考试结束，黄校长还特意抽空带我们九个人一块去福建逛，去了绍安、太平，校长主要是想带我们去买鸿星尔克的商品，因为很便宜，中午我们还在太平的大排档吃了顿饭，挺好吃的。黄校长家偶尔也有些小聚会，打打火锅什么的，都会喊着我们一块儿过去吃，陪黄校长喝几杯他家自酿的糯米酒。

那天，庄院长和一些系的主任到支教学校微服出巡，庄院长人特别好，很和蔼可亲，没有一点院长的架子，她的话我很认同！

## 六、校园感人事迹

在这样一个贫困的地区，精神却一点也不贫困，似乎这里就真的是世外桃源，在所谓的花花世界，貌似很难再听到或者看到那些感人事迹。

有一个周末，我有事要回家。周五的时候，我们班上音乐课，那节课是在多功能厅看视频——感恩父母，感恩教师。在这里坐车也很不方便，一个小时一班，我打算坐下午三点的车回家。在走之前，我心里还是老惦记着那些小家伙，于是就想去多功能厅看看他们。我推开一条门缝，“偷看”他们，他们个个都泪流满面，不小心让成发现了我，他马上就向我挥手，他们都知道我下午要回去。其他同学看到我就都跟着挥手，整个班同学都在向我挥手，说："洪老师，慢走，一路顺风。"我心里的情绪控制不住，就走了，我走的时候也流着泪，是感动的泪、幸福的泪。我感觉这段时间付出的苦心值了！这是一种尊师重道的场景。

803班上有一位男同学叫粗，他先天残疾，没有牙齿，也没有眉毛，他的兄弟姐妹也都这样，家里经济也很困难。由于他家离学校比较远，所以他是内宿生。他每天早上凌晨四点多天还没亮就起来捡垃圾，下课就去帮食堂师傅收拾碗筷、洗碗，抵掉自己的一些生活费。听其他学生说他在家也是最勤快的，很照顾弟弟、妹妹。有一次夜自修完在宿舍捡到两百多块钱，他马上拿回来交给了君老师，这件事也是君对我说的，他说的时候眼眶都湿了，我听着心酸得很。这是一种什么样的品质和教养？所有的学生也都从不欺负他，也从不瞧不起他，班上同学和他相处得都很好！

有一个早上鑫上完课回来，我正在备课，他就喊我："洪老师，泡茶，我给你说个事，我受不了了。"看他那眼神，像是要哭了似的。我就泡茶给他喝，他对我说起来："今天不是上《贝壳》吗，我就拿了我一个贝壳到课堂上做示范，讲完之后，班里一个长得特惹人爱的小女孩跑过来对我说：'王老师，请问，你这个贝壳能借我一天吗？我想拿回家给我爸爸妈妈看，他们都还从没看见过贝壳呢！'听到这话，我愣住了，我当时真想哭，我就拿给她，她很小心地放进背包里就回家了。"这话把我也给听哭了，这是一种孝，一种很纯很真的孝！

在一次学校大会上，吕主任宣布了一个好消息，说九年级的一个男同学，他在上学的路上捡到一信封，里面是两万块钱，他捡到后，来到学校交到校长室，学校领导为了表扬他，为他申请了一个潮汕青河奖，奖励他三千块，以后读大学可凭此证书每年奖励六千块。校长借此机会给全校学生做了一次思想工作，确实是一次很有意义的思想工作。这事令人感叹不已，以后这位同学上不上大学暂且不说，就说这品行，假如是我们呢？我们是否也会像他这样将捡到的钱交给学校老师去处理？

……

校园的感人事迹还有很多。当看到这些听到这些时，我深深地感叹，多么发人深省！借用庄院长的话："毕竟，现在社会上像这样有素质、品德高尚的孩子确实不多了。"见证了这些，东山中学的孩子更给了我希望，给了我动力，更加坚定了我的信心，我会为此付出我力所能及的所有！

# 七、天下无不散之筵席

一直都很怕这一天的到来，可终究还是得面对，天下无不散之筵席。对这片土地我投入了很多，也收获了很多。庄院长去看我们的那天，我在会议上发了几句感言，像我这种不怎么会说话的人，我还真怕，可那天有几句确实是肺腑之言，我说，这里的人，这里的情，让我对东山中学的一草一木是那么的刻骨铭心！确实如此，那每一张面孔，每一个笑脸，每一声老师，都是那么清晰……

本来原计划要求是教完这学期的，但由于教育局下令要拆房，我们得搬走，住房问题很紧张，所以我们必须得提前结束支教实习。确定离校的日期是在12月2日，那天是周六。11月28日我还在珠海，组长给我电话说了这件事，我立刻就呆住了，第二天我马上赶回潮州，生怕错过了就再也没有了。30日我就赶回东山中学，那天是拔河决赛，我们班进入了决赛，下午我赶到学校，学生看到我都很开心，说："洪老师，我们要给你拿冠军，作为送你的礼物。"他们真的是拼命在拔，两局连胜，拿了个冠军，全班同学集体签名后送给了我。

12月1日是一个很沉重的日子。最后一节课学生们都很乖很有精神，那天早上我连上四节课，上得前所未有的舒服，也很想哭。一二节是我们班的，我一进去，全班就已经站着了，班长洪亮地命令一声"起立"，接下来并不是"老师好"而是很悦耳的歌声，唱的是："没有人问我过得好不好，现实与目标哪个更重要。一分一秒，一路奔跑。烦恼一点也没有少，总有人像我辛苦走这遭。孤独与喝彩其实都需要，成败得失，谁能预料。热血注定要燃烧，时间自有公道，付出总有回报。说到不如做到，要做就做最好，步步高。"我真的是忍不住了，眼泪哗哗地直流。我鞠了几个躬，表示对他们的感谢，也表示我对他们的爱！最后的一切注定是这么伤感，这么忧郁。班里67位同学都坐得笔直笔直，我也开始了我的讲课。第二节后半节课上，班上学生要我给他们签名，有的签在本子上，有的签在衣服上，还有的签在脸上，他们都说明天要来送我们。其他支教同学都要开什么欢送会，可我不想，我跟涛说离别自然一点，我不想将气氛弄得太沉闷，笑着来就要笑着走。所以我就留了点时间和我们班学生说说话，下午集体照了个合影。下午放学后，全班同学都到宿舍去找我，他们送了我一份礼物，说是一个许愿瓶，我收下了，可没敢看。我答应他们明年一定会回去看他们的！

12月1日晚上，东山中学的领导老师也给我们送别，大家一块儿在食堂聚餐，黄校长把他珍藏已久的自酿的糯米酒也抬了出来，大家不醉不休。我喝得最多，或许是情绪得到发泄吧，大家都拼命地喝。那酒后劲很足，聚完餐，大家又到多功能厅唱歌。901 班的学生大部分是我夜自修补课的学生，他们也计划着给我送别，就把我拉到他们教室去了，送了我很多很多礼物，围巾、公仔、情侣杯、一个用便利贴做的塔，里面也是他们给我许的愿，江校长的儿子——锐，他是学美术的，给我们九个人画了一张相，还为我唱了他们的班歌……

我们班那个严控生钦住在东山中学附近，他跟我们班的体育委员也来找我，他跟我是“哥们”，我们一起合照、唱歌。后来我酒性大发，这些我都记不起来了，是鑫告诉我的，我抱着钦他们几个大哭，对着东山中学大喊：“803 班加油！……”将我心底最真最真的话都喊出来了，哭了个痛快！那一天刻骨铭心，充满伤感，充满感动，充满幸福……

12 月 2 日我们要离开了，很多的学生都大老远骑自行车过来送我们，一大早就来敲门，要帮我们收拾东西。十点，接我们离校的车最终还是来了。那一幕，我这辈子都不会忘记，拥抱，挥手，泪眼，哭声，歌声……

## 八、后记

一路上，我不知道收了多少条短信，“老师，一路顺风”，“老师，一定要记得回来看我们哦”，“老师，我们会加油，你也加油，我们一起加油”……

回来后，打开我们班送给我的许愿瓶，其中一大张很显眼，打开一看，是我们班的花名册，按座位顺序写着一个个熟悉的名字。每张小纸条都写着一个愿望，签个名，我又掉眼泪了。

东山中学的孩子们，拉拉钩，约定明年我一定要回去看你们！你们都必须好好的，一个也不能再少了！……

我真的希望学院继续举办支教活动，越办越好，也希望以后立志从事教育事业的同学踊跃报名，放下一切利欲，不要被艰辛吓退，支教其实也没想象中那么辛苦。这笔财富如果错过了，这辈子都不会再有。

# 我那活泼、可爱又顽皮的小孩

生物系20082311　陈树丹

实习是一场甜蜜的陪伴，支教是一次痛与爱的交换。这六十个鲜活的青春期小孩，每个人都会给你带来不一样但都很头疼的问题，但是其实他们都是单纯的孩子，你向他们付出多少爱，他们就还给你多少爱。

——题记

## Part　1

泽华是一个满嘴跑火车的男生。刚开始任命他为副班长，交代他任务和工作时，他都把胸脯拍得很响大声跟我说："老师你放心，我一定完成得圆圆满满的！"但是你检查时他却常常没做好。一开始我很生气，总是将他批评一番，但他还是拍着胸脯说："下次一定不会了！"可是下次还是做得不好。为此我常常跟他生气。后来在接触中我发现这个家伙就是这种个性，喜欢答应别人，喜欢吹嘘，喜欢做保证，但事后常常推脱。我很苦恼要怎样向他提出这个问题，如果直接强硬地要他作出改变可能会伤到他的自尊。刚好有一次班级活动，学生强烈要求我唱歌，我正打算推辞，这时泽华的声音又很大声地闯入："老师你唱！唱完我也唱！"我突然觉得这也许是个好机会，我对他说："好，你答应我了，我唱。"我大大方方地唱完歌之后，同学们就开始要求泽华唱歌了，开始他一如既往地推托。我适时地说："答应别人的事可不能反悔，把胸脯拍得响当当的却没有做到，对不起你男性强有力的胸脯，女孩子可不喜欢油嘴滑舌、不守信用的男生。"泽华在大家的鼓励和笑声中上台唱了一首歌。从那以后，我发现他很少拍胸脯了，但是工作都能尽力完成。也许是我对他不再那么苛刻，也许是他不再给我太多保证，也许是担心女生不喜欢他，这个小家伙。

## Part 2

我们班的学生很骄傲他们有一个姐姐副班主任，常常向没有副班主任的隔壁班学生吹嘘。有一次隔壁班有个学生说，她才不是班主任呢，她只是实习的，结果我们班的男生听了气冲冲的要打他，刚好我在办公室里看到这一幕，出来询问，然后就批评了他们一顿。我们班男生被我阻止后很委屈地说，他说你不是我们的班主任。我说那你说是不是啊，他们又很委屈地说是啊，我说那不就得了，还打什么架，打不打架，我都是你们的班主任啦。他们才恍然大悟，唉，一群傻孩子！

## Part 3

不知道是农村的孩子没有集体卫生观念还是我们班学生特别懒，班里的卫生常常搞得乱七八糟，垃圾到处扔，轮到的值日生也是马虎应付。为此我常常很头疼，看到满地的垃圾，习惯了教室整洁明亮的我总是接受不了。因此，每天我都向他们宣传环境卫生的知识，告诉他们如果不做好值日等于每天大家都活在垃圾堆上，这样很不卫生，我也一直耳提面命要求他们做好卫生工作。这样一来大多数同学已经慢慢养成垃圾扔进垃圾桶和轮流值日的习惯。但仍有部分同学尤其是男生，一放学就开溜。于是我每天放学就把他们留下来，陪他们一起值日，慢慢地就只剩下第五小组的同学还是不老实值日。第五小组全是男生，一轮到他们值日班里就乱七八糟，怨声载道。要是放学时我在教室监督他们就老实值日，如果某天我太忙没时间监督他们就一溜烟跑了。因此每次他们晚上没值日，第二天早读和课间操我不仅要他们将教室重扫，还要让他们扫操场。结果他们除了少数有几次偷懒之外，情况有了改观。有一天第五小组又忘了值日，教室脏得要命，我检查教室时非常失望，整晚都在想着明天怎样惩罚他们。第二天我黑着一张脸走进教室，咦？教室居然很干净！我特地找到他们问："昨天你们值日了吗？"得到的回答是："没有，所以我们今天很早就过来值日了！"还给我一个很诚实很乖巧的表情！好吧，我再问："你们还知道今天过来补扫？"他们说："是啊，不然老师要生气了，生气就会变丑。"又是一个诚实乖巧的表情！好吧，我被打败了。

## Part 4

还是打扫卫生的故事——小毅是典型爱偷懒的第五小组的成员之一。有一天他又没有倒垃圾，大清早我找到他，他明明知道自己什么事情没有完成，但还是一副嘴硬的表情说：“老师你放心，我昨天只是忘了，放学一定去倒。”我说：“你现在就去。”他表现得很委屈，说：“现在要上课了耶！”接着猛拍自己的大腿向我保证：“你放心，我放学一定一定把它倒得干干净净！”我被他的样子逗笑了，笑着对他说：“看在你拍大腿的份上，我暂且相信你，如果放学你还没完成，就不是你拍自己大腿，而是我要拍你大腿了！”

## Part 5

市里要举办演讲比赛，要先在校内选拔，我们班选到洁，她的演讲稿写得最好。但是当她知道是要在全校面前做演讲的时候，她非常害怕，她觉得自己从来没有在众人面前大声说过话。我一直觉得洁是个可塑性很强的孩子，她身上有很大的潜力，所以当她要求我换人的时候我怎么都不肯答应，她一直说自己没有经验。我告诉她，当我第一次踏上讲台的时候我也很害怕、很紧张。她很诧异，说老师你在讲台上时就跟讲台就是你的一样。我告诉她凡事都有第一次，但每个第一次都是很重要很值得的。在我的鼓励下，她犹犹豫豫地答应试一试，我告诉她只要准备充足就不会害怕，我会在比赛前对她进行培训。听到这些话她像吃了定心丸一样，眼睛里冒出信任的光。在接下来的半个月里，我给她制订了训练计划，从稿子、语言到动作都对她进行了培训。洁果然非常聪明，每次都能很快地理解我指出的不足，也能很快地作出调整。看她的演讲风采一天一天饱满起来，我也觉得很兴奋。比赛的那一天，我在现场组织，看到洁虽然很紧张，但眼睛里闪动着自信和坚定，比赛前我到准备室看她，她的脸因紧张而通红，我给了她一个大大的拥抱。演讲开始了，洁的语速适中，感情丰富，台风很自然，虽然后来只拿到优秀奖，但对她而言是一次新的挑战，对我而言也是一个满意的结果。当她拿着奖状在阳光下笑靥如花时，我的内心也开满了花。

# 后 记

其实我到新圩之后，很难用文字与语言来描述在那里的生活。这里的学生虽然学习基础差，有时不听话、不守纪律，让人很头疼，但是他们又是真心对你好，让人很感动。他们给我写的东西很真诚，在字里行间你能感到一种被喜爱的感觉。这些小孩子表达对你好的方式很简单，有时带点小食物，下课后就偷偷塞过来。碰到我冰冷的手就几个人轮流用手来温暖我的手。有时我一连上好几节课，站得腰酸背痛的，他们也会主动地给我捶捶背。有时候集体向我撒娇，我都分不清我到底是他们的老师还是姐姐。很多很多故事都在心间，我在短短的一个学期中陪他们成长，看到他们的好和坏。临走的时候，初三的孩子对我说："我们不会像初一初二的笨孩子一样哭鼻子，老师你也不能流泪。"于是，他们都微笑着跟我道别，用力地拥抱。但当我转身上车的时候我看到他们都在默默流泪，我内心也很不舍。这难忘的经历，我相信会一直伴随我的教师生涯。

# 我体会到做老师的快乐

数信系 20081111　陈运萍

## 一

有一次上课，我一进教室就有人向我报告“老师，有同学在吃零食”，我一听，心里就不大舒服，最近吃零食问题越来越严重了，得想个办法治治这些贪吃的小家伙们。我抬头扫视了一下全班，发现后排有十几个人嘴里都叼着一根棒棒糖，我先是慢慢地说：“呀，都中学生了，还经不住零食的诱惑啊，不过，谁不想吃零食啊，可是别人克制住了，你们却没有，法国雨果曾说过，每一点小小的克制都会使人变得坚强哦。”我一边盯着正在舔棒棒糖的佳（一个纪律性很差但很爱面子的女生），一边说：“如果你现在连这点小诱惑都克制不了，那只能说明你很软弱呀。”说完我又盯着她。哈……果然，这话还真刺激了她，她很不好意思地站起来，迅速地把糖扔到垃圾桶里了，其他同学见状也纷纷把糖扔掉了。有两个男生还是不肯扔，我就走到他们旁边说：“你们俩甘心落后吗?”大家都转过头看着他们，他们一下子就脸红了，只好乖乖地“束手就擒”。哈……等他俩都扔掉后，我疾步走上讲台，笑着说：“我就知道我们班个个都是坚强的孩子，好，为了奖励你们的坚强，我打算这节课教你们一种计算有理数加减的简便技巧，包你们考试个个都会算，好不好啊?”全班顿时雀跃，异口同声地说：“好!”

感悟：当课堂上学生出现问题时，我们最好先让“子弹飞一阵”，同时思考应对措施再解决问题。作为老师，最好不要直接跟学生起正面冲突，凶学生是最不可取的，这样做只会令他们反感，特别是对于多个人的问题，我觉得应该找出其中一个典型的同学作为突破口，“杀鸡儆猴”，而且要尽量顾及该学生的面子，委婉但又一针见血地批评，最后，如果学生改正，老师要马上给予肯定和表扬，这样学生才能心悦诚服。

# 二

一次上课，我发现坐在第一排的江总是心不在焉，而且老是和同桌说话，我盯他一会，他就有所收敛，不过过了一会儿他又犯了。下课铃响后我把他叫到办公室，我没有直接批评他，而是让他自己说我为什么会叫他来办公室，他态度挺好的承认是自己上课说话了。我问他为什么要上课说话，他说他上课听不懂，没事做就想说话。我一听火了，马上就问了他一句："你不知道你上课的主要任务是什么吗？就像老师的任务是讲课给你们听啊，难道我可以讲到一半就跑去喝茶吗？"他马上说："当然不可以。"我又说："如果有个医生正在给人做手术，做着做着突然停下来接个电话，这样行不？"他吃惊地说："肯定不行啦！"我就说："对嘛，那你就可以听着听着就讲话吗？"他迟疑了一下，说："不可以。"我接着问："你在上课时的任务是什么？"他认真地说："听课，做好笔记。"我就说："对嘛，如果你人在上课心没在上课，那得有多少知识点没掌握啊？到时做起题来别的同学会做就你不会，那岂不是很糟糕。"他边听我说边点头。我看他听进去了，就笑着说："不过，很好，既然你已经认识到你的问题了，那以后知道应该怎么做了吧？"他听完立刻站得很直说："我保证以后一定严格遵守课堂纪律！"说得像在宣誓一样，我当时差点笑出来："嗯，其实你很棒啊。来，帮老师把这些作业拿去给科代表。"他非常高兴地说："好！"然后就蹦跳着出去了。在此后的一段时间，他经常主动来办公室找我谈话，我会跟他沟通或者给他布置一些任务。有一次我出些题让他做，他做错了，我没有批评他，而是先夸他字写得漂亮，然后教他做题，结果他认真地听，而且全都做对了。另外，没想到他在帮我做事时也特别开心，更神奇的是他之后上课变得特别认真了。后来我在他交上来的日记中看到这么一句话："我很喜欢数学老师，因为我发现她也很喜欢我，要不，她怎么总让我帮忙呢。"我当时觉得这孩子挺可爱的，打心里很开心。

感悟：我曾在图书馆借阅一本《班主任兵法》，里面说到教师在教育学生时要"攻心为上，攻城为下"，意思是说要走进学生的内心，用心交流，帮他看清和清除他大脑里的"病毒软件"，而不是一味地指责，我们要想办法去感化学生，发现他们的优点并告诉他们。另外，我还发现适当地让学生帮老师做一些事不仅可以锻炼他们，还有种鼓励学生作用。其实，多夸学生（不一定是言语，有时一个赞许的眼神、一个微笑的点头、一个任务的给予等都是对他们的鼓励与支持）不仅会让他们很开心地做事，而且会强化他们的优点！

## 三

在我实习的第十二周的一节课上，我们班一个顽固不化的同学彬做小动作，还跟前面的女生玩，下课后，我立刻把他叫了过来。我之前已教育过他好多次了，包括叫他来办公室补作业，亲自为他补课，早读没开始就让他出来念绕口令给我听等。这一次我一定要想个方法好好治治他，我当时灵机一动，想起在魏书生的民主教学法中的一招，就是拿个本子让犯错的学生写下关于自已罪行的“病历”，包括姓名、疾病名称、病因、后果、药方五个方面。想到这方法我就胸有成竹了。他过来时，我正在改作业，见他来了，马上撕张纸画了个病历表拿给他，说：“拿着，去那边把这张病历填了再说。”他很诧异地看着我说：“老师，我没病啊！”我瞪着他说：“我是让你写你在读书方面有什么不好的地方，想想你最大的毛病，按这个表填出来，好看清楚自己的问题所在。”接下来，我就给他解释各个方面的意思，他起初还是不肯写，我就用激将法：“难道这小小的表能难倒你吗？你平时连老师都不怕的呀，罢了，胆小鬼，把纸还给我吧。”他一听急了：“等等，我又没说不写。”然后他就乖乖地坐我对面的办公位写了，我心里暗喜，继续改我的作业，过了十几分钟，我走过去看了下，发现他在“疾病名称”一栏写了“不交作业、不认真上课”，但下面几栏都空着，我就问：“下面的很难写吗？”他苦恼地看着我说：“是啊，要不我说给你听吧，不要写，好吗？这里还有同学……”我马上领会到他的意思，他是怕真的写出来会被人看到，我听完后，立刻拍了拍他的肩膀说：“走，把病历拿上，咱们出去。”出来后，我单刀直入：“你的病因想好了没？”没想到他支支吾吾地说：“老师，其实我从小学就这样了。”接下来我就与他沟通交流，发现其实他也挺懂事的，只不过父母忙于工作没怎么管教他，他也觉得父母只是借学校让他有地方待而已，家里靠茶业致富，父母也不关心他的学习，还总是对他说，“以后只要做茶生意就好了”。听到这里，我真替他难过，我说：“不管怎么样，学习是你自己的事，还记得老师曾在课堂上说，学习并不是人生的全部，但如果你连人生的这一部分都克服不了，那以后还能做什么呢。”他若有所思地点点头。接下来我还给他讲了自然界中一些动物克服困难的故事。如金鱼改变身体大小来适应大小不一的鱼缸，海豹的进化等等，他听得津津有味。最后我问他：“人可是世界上最高级的动物了，人是最勇敢的，天不怕地不怕的哦，那你是不是人啊？”他说“是”，我继续进攻：“那你想不想做最勇敢的人呢，有没有信心？”他小声地回答“有”，我拍着他肩膀大声说：“这声音咋这么底气不足啊？你到底有没有信心？”他立马大声应道

“有”，我高兴地点头“好，光说不算数，老师接下来要看你怎么表现咯”。

从那天后，他开始交了一两次作业，我感到挺欣慰的，我也一直期待着他的变化。我还把他的情况反映给了他的家长，可是之后没想到他患了麻疹不能来上学了，直到我走的那一天他才出现。现在，我听说他已经有所改变了，上课比之前要认真些了，知道后心里真是又开心又感动。

有一次我上课刚上到一半，突然第二组有人举手说：“老师，我后面的同学在看小说。”紧接着第三组也有人在嚷嚷：“老师，我前面的人在写纸条。”同时我还注意到第三组最后一排的人在说话，我迅速用眼神瞪了这些学生，但我没有直接批评他们，我说：“同学们，老师现在想停下课跟大家分享点东西，大家应该都清楚你们上课有什么任务吧？”有很多人大声说：“认真听课。”也有些人说：“认真做笔记。”我点头笑着说：“很好，明确任务的都是好样的，我们做事都要明确主要的任务，然后专注地去完成任务，可是一些人总是忘了主要的任务而去忙别的，你们知道后果会怎么样吗？”我停了一下，继续说：“就像有一天你们家后院着火了，你爸让你去提一桶水救火，你却因为贪玩在路边玩耍，忘了去提水救火，那你说后果会怎么样啊？”不少人回答“后院被烧成灰了”，我接着说：“没错，这个结果你们说严不严重啊？”“严重！”他们说。我边盯着刚才那些学生边说：“那上课没认真听课，做其他事，行不行啊？”大伙都说：“不行！”这时我看到那些人都低着头，我就知道他们知错了，于是，高兴地说：“好，现在大家坐端正，集中注意力，听课就是救火哦！”他们都笑着挺直了腰，于是我又继续讲课了。

感悟：多看魏书生的民主教育，班主任工作之类的书，会对一些学生问题的处理有所启发，其实没有学生是差生，也没有学生真的是坏学生。面对做错事或行为不当的学生，老师要做的并不是惩罚他们，而是教育他们别再犯错。我相信每一个有问题的学生背后都有一个伤心的故事，我们应试着走进他们的内心深处，而不是一味指责。有的老师一发现问题就呵斥，其实这样学生根本听不进去，只有给他们朋友般的感觉，他们才会向你打开心扉。有些学生坏习惯的养成已不是一朝一夕了，所以改变他们也需要时间，作为老师我们要对这些学生有足够的信心和耐心，绝不能放弃他们。

## 四

在实习结束离开凤中的那天上午，我本来打算悄悄地离开，谁知道在第二节的上课时间，班干部凤就哭着跑过来找我，她说班里的同学请我去说几句话，我当时还很犹豫，年级组长在旁边听了说，那你就去说几句鼓励一下他们吧。说实在的，我很感性，承受不住这种场面，不过我还是强装满脸笑容地走进教室，进去后如我所料，几乎所有的学生都在哭。我笑着说：“大家这是怎么啦？怎么个个眼睛都像小白兔的眼睛啊？”没想到他们哭得更厉害了，看得我也难过极了，这时年级组长过来了，她对全班学生说：“我知道你们都很喜欢老师，她也一直为你们辛勤地付出，但是我们应该怎么做才能回报老师的恩情呢？我现在有个建议，请大家都站起来，向老师说声‘谢谢老师，好吗?’这时，他们一群人齐刷刷地站起来，哭着说出了这句话，我最终还是撑不住流出了感动的泪。我说：“你们是老师的骄傲，你们是风中的希望，老师希望在接下来的日子里，你们能更加团结努力，我相信咱们702阳光翔鹰班永远是最棒的！是不是?”“是!”他们大喊。铃铃铃，下课铃响了，年级组长说：“大家要记住老师的话，接下来也快期末了，让我们以最好的成绩来回报老师吧，这才是真正的感恩！最后跟老师道别吧，然后快去做操。”此时，大伙儿一起说：“老师，谢谢你，我们永远爱你!”我也哭着说：“谢谢你们，我也永远爱你们。”一时间就冲过来好些人把我紧紧地抱住，我已泪流满面……

感悟：我不曾想过自己的影响力有这么大，我也不曾想过最后离别时会是如此感伤。教育的力量还真是奇妙，我只是在我的岗位上认真地负责，认真地去关爱班里的每一个学生，回想自己一直以来的忙活，虽然辛苦了点，但冲着最后他们这句“谢谢你，我们永远爱你!”我觉得自己的付出非常值得，当老师最大的快乐莫过于此。

# 风中情结

旅管系 2008276103　刘　档

当下笔写这篇随笔的时候，我只剩 4 天的时间就要离开这个生活了三个多月的地方，离开凤凰中学，离开凤凰镇。

我的心情很沉重。人总是有感情的。我对于凤凰的感情是从我三年前进入凤凰的时候就深深地埋下了。想起三年前，我去了凤凰的一个偏僻小镇，那是一个少数民族的村落，交通极不发达，人们的生活也很困苦，但是，那里却有着淳朴的民风，人们热情地对待我们这些陌生人，让我很是感动，于是凤凰人就给我留下热情好客的印象。当学校组织“三下乡”队伍活动的时候，我就第一时间选择了凤凰。当然，这也与凤凰山区经济和教育落后有关系。2009 年暑假我来到了凤凰福北小学支教，2010 年我去了凤凰荣丰小学支教，2011 年我又有幸选择了凤凰中学作为我大学的顶岗实习单位，这也许就是缘分，我相信，不是每个人都有这样的机会去深入地接触一个地方的，对我来说这是一笔非常宝贵的财富。

当我踏进凤凰中学的时候，第一眼看到的是陈旧的教学楼。第一个接待我们的是这里的办公室主任，也就是我们的指导老师——曾老师。曾老师是一个非常热情的老师，在顶岗实习的这段时间里，他给了我很多实践的机会，教会我很多教学技巧、教学方法方面的问题。平时我们坐下来喝茶都会交流，他指出我平时做得不好的地方，不管是生活方面还是学习方面，在这里他既是我的良师又是我的益友。

教学方面我常参与听课和评课，注重学习其他老师的教学方法和技巧，发现自身的不足并且不断地改进。在这里与其他实习学校不同的是，你可以随时随地地去听其他老师的课，老师们也很乐意和你交流，这也是别的学校实习生一直羡慕不已的。

每一次的授课都是教师与学生之间的博弈，对学生来说是获取新知识的过程，而对于老师来说则是如何更好地调整教学方法和教学思路来迎合学生学习需求的过程。就以我教的高二年级的理科班为例，现行的高考模式是大文大理，所以，对于大多数高二的理科生来说，地理学科只是学业水平测试中只求合格的科目，与高考没有任何关系，因而大多数理科生对于地理学科没有投入太多的学习时间，甚至不重视这门学科。因而在我一周两节课的课堂上，学生的学习热情都不是很高，因此，我试图转变学生的学习态度，从最基本的学习兴趣入手，想方设法地来提高学生的学习兴趣。那如何提高学生的学习兴趣呢？这个经验也是我从平时课堂实践中得来的。在以往的课堂上，每当讲课内容涉及学生熟悉的一些当地的风土民情时，学生就像被打了兴奋剂一样，一个个都坐得直直的在听，这形容一点都不夸张。于是，我在地理课堂上传授新课知识的过程中努力地加入一些当地的乡土地理知识，并很好地结合我所教的内容进行讲授。下面，我举一个例子。在高中地理必修三第二章第二节课《森林的开发和保护——以亚马孙热带雨林为例》中，谈及热带雨林生态的脆弱性时，我列举了凤凰山区现今虽满山茶树，一片葱绿，却突显了凤凰山区的生态越发脆弱。因为，茶树的根系并不发达，对于土壤不能起到很好的固定作用，因而，当遇到较严重的旱灾时，将会对凤凰山区的生态造成严重的破坏，因为大部分的养分集中在植物体内，会使土壤贫瘠，其恢复能力将会很差。综上所述，这个举例既说明凤凰山区生态的脆弱性，也从侧面让学生掌握了热带雨林生态的脆弱性，最重要的是让学生兴致勃勃地探讨问题。这样做，虽对我的教学进程有点影响，但是，提高学生学习的兴趣才是关键。因而，在课堂最后我特地保留了5分钟让学生进行探讨。这就是我对课堂转变的小小体会，当然，这不会是最终的体现，在课堂中，学生是主体，课堂是因学生的变化而变化的，因此，转变之后更要对学生进行细致的观察，为新一轮的转变做好准备。

刚开始的时候，我备课不是那么熟练，因而会花很多的时间，慢慢地越来越上手，因为对学生有深入的了解，备课就变得容易了，然后再改变一下教学的方式，迎合学生的兴趣和听课的方式，让学生更有兴趣地参与到地理课堂中来。

在凤凰中学，我们享受的是教师的待遇，从开学第一天起，我们一部分人就和正式老师一样开始上课，学生一点都不知道我们是顶岗实习的老师。这是我觉得学校给我们定位最好的一点，文校长说过“你们来，我就把你们当做我这里的老师来用”，很感谢文校长对我们的信任和关心，这也让我们能有更多的机会以老师的身份去接触真正的学生。

在这里，我同时也担任了助理班主任的工作，在这方面李健乐老师给了我很多的指导和支持。我担任高二（3）班的助理班主任，每天的工作就是处理班级里大大小小的事情，这些事情说大不大，说小不小，基本上就是执行学校的要求和处理学生学习上出现的问题。在执行学校要求这方面，我们班能够及时准确地去做到，其中最重要的一个原因就是，我充分地利用了班干部的力量。在处理学生的问题上则让我收获很多，一开始我与学生没有太多的言语交流，到后来我能与学生用心去交流，在这其中，也不断地让我发现：其实每个学生都有自己的智慧，他们的想法总是能给我一种出乎意料的感觉，并且也让我懂得对待学生问题应该采取先与学生沟通再做处理的方法。因为，学生正处在心理成长的阶段，他们的一些想法和做法都很幼稚，因而只有了解他们的想法才能知道他们做错事情的原因，这样可以极大地缓和师生之间的矛盾，也可以让师生的关系更加融洽。在课余时间我也注重参与学生的活动，没事打打篮球抑或出去爬山锻炼身体，这样可以促进师生之间的感情，方便平时工作的进行。当然，教师也要时刻与学生保持一定的距离，距离太近就不好对学生进行管理了。

在这里的生活也是丰富多彩的。首先，每天早晨起来都可以看见美丽的山色，喝的是甜甜的泉水（虽然会经常停水），空气里弥漫着清新的味道，阳光也是那么的和煦。我想，在这里生活的话，人的身体一定很好。这里的山是那么的优美，绿绿的，一有时间我就会去爬山，去享受山里那花鸟虫鱼的声音，去看看高大的郁郁葱葱的竹林，去感受大山的壮阔。

凤中的实习是难忘的，也带给我很多感触，总结如下：

（1）认清自己的职业。在高中实习，我认识到真正的教学，教师也是普通的一门用于“求生存”的职业，和其他任何行业一样，并不存在教师是“太阳底下最光辉的职业”和我们是“人类灵魂的工程师”的观点。当我们真正走进教师队伍之后，很快会发现实际情况并非如此，我们的职业只是三百六十行中普通的一行，无所谓光辉不光辉。我们从事的这份工作，只是借此养家糊口、赖以生存而已。所以，请降低你对该职业的期盼，这样我们就会脚踏实地地做好自己的工作。

（2）不要在背后说别人的坏话。在和老师与学生相处的日子里，不要说任何人的坏话，即使那位学生让你很生气，你也不能在背后和别的老师或者学生讨论他，对他的行为指指点点，要么你当面指正这位学生的错误，要么永远不要向任何人提起。不要和同事谈论别的老师作风或衣着的问题。或许有些老师教学水平不如你，但是千万不要去贬低任何一个人，人都有长处和短处，不要以自己的长处和别人的短处相比，这只会让你变得越来越低俗。当你希望有人和你一起议论别人的时候你已经无药可救了。

（3）不断地学习，活到老学到老。世界是前进发展的，唯有不断地接触新事物，不断地学习和思考，才能跟上时代的步伐。人如果不去学习，将会被社会淘汰。一代一代的学生有他们的特点，如果我们不跟上时代的步伐，教学过程中固守成规，不能适应时代新青年的学习要求，那么，这样的老师是不会得到学生好评的。

# 多一分理解，少一分冲动

教育系2008191125　江晓纯

今晚自习课前，我们班有个学生跑来宿舍找我。说我们班的小雅同学被八年级的学生打了一巴掌，哭得很厉害，好多人围着看热闹呢。听到这个消息后，我马上赶往现场。在途中，我一直思索着，这个活泼可爱的女同学怎么会跟八年级的学生发生矛盾呢，这到底是怎么一回事，我该如何去处理呢？我赶到教室，首先让看热闹的人群散开，随之安慰了小雅，询问了事情涉及的人。原来是跟801班小鹏的矛盾，找到关键人物后，我将小鹏叫了出来，在教室外面询问事情的原因以及经过。一开始，小鹏老是推卸责任，强调自己没欺负小雅，既没动手打人也没威胁她，小雅的哭完全不关他的事。谈了许久，都没得到结果，我只能让他先在外面站着，继续找小雅问清事情的来龙去脉。原来小雅和小鹏原本是邻居，曾经两人交往甚好，后来因为小鹏说话粗鲁得罪了小雅，从那以后两人一碰面就对骂，相互看不顺眼。在前几天晚上下夜自修后，两人在乒乓球场附近碰到。一碰面，小鹏就骂了小雅，小雅抓住其衣领，两人就打起来了。我又找小鹏谈话，了解到两人的确是邻居关系，之前也吵过架、打过架。我告诉小鹏，是两个人太冲动才导致打架事件的发生，小雅出手拉扯他的衣领，这是小雅的错，但一碰面就用粗话骂小雅也有失风度。整个过程中，我没有过多指责他的不对，反而强调是两个人的过错造成，我要让他明白，我并不会因为是小雅的老师就有心偏袒小雅，这样才能让他勇于承担责任，诚实地交代事情的经过。“小雅脸上的巴掌到底是谁打的呢？”我再次问道。“老师，其实，事情变成现在这样，我也没想到，我只是跟我干姐姐诉苦说有人老是骂我，所以……”“干姐姐，你干姐姐是？你让她出来一下，我想了解一下情况。”“可是，老师，你会为难她吗？”“放心吧，我先了解一下情况，犯错了没关系，知错能改善莫大焉。”面对这样一个替弟弟抱不平出手打人的女生，我问她：“今晚你做了什么呢？有没有帮你干弟弟做什么‘好事’呢？”“有，我打了她一巴掌。”“干吗打她呢？”“我听说她常骂我弟，我很生气就警告她以后不许再骂我弟，谁知她很大声地对我吼，我一气之下就打了她一巴掌，不过事后我跟她说了很多次不好意思呢。”“你找她问罪，她对你吼确实也有不对之处，但你也不能用武力来解决问题，你觉得今晚打了她只是让她的脸肿了吗？今晚闹得满校皆知，好多人围过来看热闹，你看影响多大，这让她的自尊往哪搁？”“老师，我也是一时冲动才打了她，我，我……”“伤害已经造成了，你们准备如何来解决呢？”“跟她道歉。”“今晚道歉，那明天或以后会不会再看到她不顺眼，又想打她，以后要怎么做呢？”“不会了，以后遇到，我们当做陌生人，不再对骂了。”“好，你们先跟她道歉，不过你们要先想好哦，说出自己的不对之处，请求她原谅，至于她之前的一些不礼貌之举，我也会让她跟你们道歉，以后不允许再出现这样冲动的行为了，能做到吗？”“可以。”就这样，双方互相道歉，并说出自己的不对之处，也都强调以后绝不会再冲动行事，做事都会先思考后行动。看着他们几个总算将以往的恩怨了断，我也舒了一口气，打人事件总算过去了，对骂事件也成为历史，几个人都认识到自己的错误，最终解决了问题。

理解学生，对于学生犯的错误不能只是简简单单地批评教育，而是要让他们自己从错误中真正认识到错误，决心改正。多给孩子一个机会，让他们可以从头来过，相信他们，有你的理解与支持，他们可以变得更好！每个孩子都可以很优秀。

生命中总有那么一些事、一些人藏在我们的心底。701 班的这群孩子虽说是我接触的第二批学生，但是和他们相处的时间是最长的，对他们倾注的感情也是最深的。

在这段实习日子里，我真的学到了很多东西，不仅仅有教师技能方面的提高，更多的是班级管理方面的进步。在我们班里有这样一群学生存在，他们爱搞小动作、爱引起你的注意，有的学生脾气犟得很，他可以任由你在那边唠叨上老半天一句话不说，你越逼他，他越不改，专门跟你对着干。但是，只要你用心去关心他们，你就会发现他们的闪光点，会发现其实这些学生并不坏，他们更懂得感恩。

在跟他们相处的这一个学期中，他们的进步、他们的改变让我觉得付出的一切都是值得的。

小略（化名）是我们班最调皮最活跃的小男生，他没有一刻能坐得住、安静下来，大家都说他有多动症。课堂上安静不到两分钟，他又活跃起来了，要不就屁股动一动，要不就嘴巴动一动，从他嘴里说出来的话总能引起全班同学起哄，让老师哭笑不得。瞧，在语文课上，语文老师在讲解鲁迅的背景时问道：说起鲁迅，大家了解有多少？大家知道鲁迅被评为哪几大家吗？比如作家、教育家还有什么家呢？小略接话了：老人家、过家家。全班同学齐声哄笑。生物老师也来告状了，说小略上课老是做小动作或随意说话，课堂秩序都被他搞得一团糟。小略后面的女同学也诉苦来了，要求老师将她俩调走或调走小略，因为小略太吵了，影响到她们学习……这个小略确实很让人头疼啊，太好动了，控制不住自己的行为，有好几次找他谈话，他站在那里都站不好，动来动去，一刻也不闲着。面对这样的问题学生，该怎么处理呢？在一次劳动课上，我发现其实小略很积极，劳动起来一点也不马虎，看他那股积极劲，我突然有了对策，这不就是他的闪光点吗，我何不从这点来跟他谈谈呢？第二天，我表扬了他劳动很积极，授予他一个权利，以后监督班里卫生问题，他很惊讶，也很欣喜地接受了。以后的每一天他都很积极地监督着班里的卫生问题，看到一点纸屑都会督促同学捡起来，值日生忘记擦黑板了，他也会随时提醒着。看到他在劳动这方面做得很好，我不时加以表扬，不过对于他在课堂上的表现，我还得帮他慢慢改正。有一次，全班进行分组竞赛游戏，他更是活跃起来，抢着回答问题。这一次，有好几个问题他都回答得很好，绝不是随意糊弄，随意捣乱。游戏结束后，我表扬了获奖小组，同时也表扬了他，对他的表现加以肯定。课后，我找他聊了聊。我说："小略，其实你很聪明哦，你反应能力很快，刚才有几道题，你都是第一个知道答案的人，相信你在回答这些问题时都经过了思考，回答出来都让我们大吃一惊。那以后的课堂上希望你也能先思考问题再回答，让老师、同学对你刮目相看，你能做到吧。"小略说："我尽量改，但我这习惯从小学就开始养成了，可能很难改了。"我说："慢慢来，急不得，只要你想改，我会帮你的。我们来定个约定怎样？"小略问："什么约定？"我说："以后每天在课堂上少动一动，少说一句话，你每天自己数一数今天乱说了几次话，乱动了几次，每天都记下来，争取次数越来越少，慢慢地你就学会控制自己了。"小略说："嗯，我试试。"半个学期过去了，小略的坏习惯虽然未完全根除，但已经好很多了，上课也认真多了，尤其是上我的课。我觉得其实他很聪明，很多知识一点即通，而且很积极地回答问题。对于他的改变，我很欣慰。

每个学生都有自己优秀的一面，只要多发现他们的优点，他们是可以改变的。多用心去关注他们，多去发掘他们，你会发现其实每个孩子都可以很优秀。

# 付出后的回报

中文系 20081016　莫碧璇

一个学期的支教实习，让我提前进入了教学工作，更加了解教师这一职业，也为我的大学生活多增添了一丝光彩。

来到支教学校，自己的期望并不是很高，只是希望借此机会锻炼自己的教育教学能力，通过自己的努力给任课班级带来一丝活力，也希望通过我们这一群新生的教学群体为山区学校作出微薄的奉献，能使学生有一丝进步。果真，支教实习结束之时，有一个同学的来信使我感动万分。

开学初的记忆依旧清晰地呈现在我的眼前。刚开学不久，我就接手担任205 班的语文老师——对我来说这是一个严峻的挑战。这个班的同学调皮捣蛋，上课玩手机，玩纸牌，欺负科任老师……刚刚进入教育教学活动的我早就有所耳闻。这不，A 同学也是其中一员。

记得有一次上课，我站在讲台上为同学们作课文解读时，他却一副事不关己的样子。当着我的面坐在自己的座位上玩手机。当时我只是轻轻地走到他身边，暗示他应该收起手机，认真听课。

可没想到，他并没有按照我的意思改正，反而更加放肆。合上自己的语文课本，又玩起手机来。按照学校规定，学生玩手机应该一律没收。但是作为新手，我想换一种方法，以暗示的方式提醒他，也许会收到良好的效果，事实证实自己的计划失败了。

因此，我还是走过去没收了他的手机。由于他是男同学，力气很大，紧紧握住手机不让我拿。但毕竟我还是老师，他不敢有过多的反抗。在我的强烈要求下，他还是交出了手机。不过，整整一节课，他都是用恶狠狠的眼神看着我，也不听课，那是对我的讨厌。

下课后，我走到他身边，让他到办公室找我。走过台阶，他便说："把手机还给我。"还把我当老师吗？这么不礼貌地对我！但我还是当做没有听到他的话，我走到办公室门口，停下了脚步："课堂上玩手机，对吗？学校已经多次开会强调，作为学生，不要带手机到学校，更不能在课堂上玩手机。而你呢，做到了吗？”带着不解的语气，我大声地质问。

他没有说话，只是站在那里一动不动，只想快点拿了手机，立刻回去。当然，我没有那么快把手机还给他，而是批评了他上课玩手机的缺点，让他意识到自己的错误。从下课到现在，我一直都是带着批评的口吻和他说话。但转念一想自己的年龄和他相差不远，自己以前也是普通班的学生，我也能够理解学生的心情。因而我沉住气，换另一种方式和他聊天。

我说：“老师有时间有能力帮助你们。在我眼里，你们虽然是普通班的一分子，但你们是老师眼中的宝贝，你们是老师接触实习的第一个班级，老师不忍心看着你们浑浑噩噩地过完一个学期，我想让你们学会点什么，只是不知道你们是否想学习……”

聊了很多很多，我也问了他一句：“你是普通班的学生，是不是认定你自己比别人差，是不是不想读书？”

没想到他的回答出乎我的意料，他毫不犹豫地回答我：“我想读书，我要读书，只是……”

“不需要只是了，既然你想读书，那你还打算拿着它，浪费你的上课时间吗？你应该证明给我看，你想读书，你在认真读书。”指着手中的手机，我顺水推舟，套入玩手机的话题，走入我所设的“圈套”。

他沉默了，低着头不敢说话，我没有再批评他，而是再一次肯定他：“老师希望你能证明给我看，我不会放弃你们每一个人，我希望你能努力，一个学期还能收获很多成果，我希望你就是其中之一，我也希望到学期末你是笑着告诉我：‘老师，看看吧，这些是我收获所得的。’”

他点点头，拿着手机走了……

以后的每一节语文课，我都没有看到他玩手机的身影，相反，我看到他一手拿着笔，一手按住课本，全神贯注地做笔记。有时候还大声地回答我的问题，声音嘹亮。

因为看到了他的一丝进步，我主动找班主任聊天，从班主任那里了解到，A同学初一是一名喜欢上网的学生，经常逃课没来上学。如今他有了手机，上网吧机会减少了，但玩手机的频率却增加了，很多科任老师都有所反映。同时我也了解到，这些普通班的学生都是受忽略的对象，因此我决定在这位同学身上下工夫，我要亲身体会：对于学生的付出老师这么做是否值得？

每一次上课，我总会在课堂上和他眼神交流，示意他上课要认真听讲。起初他有些不适应，会走神，但我并不生气，总会不自觉地走到他的课桌旁提醒他要做笔记。慢慢地，他也开始听话了，并不像以前那样刁钻，而是会按照我的指导一步一步往下做。

有时下课，我会找他到办公室聊天，关心他是否有些笔记没有做，关心他是否听得懂。当他有不懂的问题时我就及时帮他补习，查漏补缺。这样给他的语文学习增添了许多乐趣，使他更加有信心。曾经在一次聊天时我问他："每一天都帮你补习，你会不会嫌厌烦?""不会，只要老师肯帮我，我都不觉得累，不会嫌烦的!"

除此之外，我还善于发现他的闪光点。普通班同学写作文，一般都是句子不连贯，表达欠佳，但A同学却不一样，他的作文水平还算优秀。因此我在评讲作文时总会提起他的作文，并希望同学们要好好向他学习。我常常鼓励他要发掘自己的长处，争取作文取得更高的水平。而他也开始习惯自己的学习生活，在课堂上或写作中总会看到他一点一滴的进步。

与A同学接触了一段时间，这个同学在期中考试中成绩有所提高。虽然还是普通班的中层学生，无法名列前茅，但对比以前十几二十分的成绩，他算是进步较快的学生。如今在课堂上，我看到的是专心听讲的A同学，他也不需要我督促了，能自觉及时做笔记。我的心中有种莫名的成就感。

"学生都是被夸出来的!"这句话一点都没错。在我的肯定之下，他并没有让我失望，愈发茁壮成长……

期末将至，我们的支教实习也即将结束。在即将离开的那段时间，有一次下课，A同学来到我的办公室，掏出一封书信，对我表示感谢。信中他说道："老师，谢谢您！是您一手把我从浪荡的生活之中解救出来。在你们没有到来之前，我常常在课堂上玩手机，在课堂上捣乱，在课堂上说话，在课堂上打瞌睡……如今您的一番话唤醒了我，也使我从睡梦中惊醒，不再像以前那样无理取闹，是您教会我怎样学习，我要谢谢您！虽然你们即将离开，但请您放心，我将记住您对我说过的每一句话，我会继续努力学习，不会让您失望!"

虽然只是简短的一番话，却足以证明学生的一切。他长大了，在爱的关怀下迅速成长，而且向往着光明，他将不断地前进，虽然我们已经离开学校，但是我相信他不会令我失望的。

这个同学只是一个小小的范例，却是教师与学生相处的典范，那是很简单的沟通方式，对于学生，老师要有爱。不管哪一层次的学生，都需要教师的耐心。老师应该耐心了解每一位学生，尽量各个击破，抓住每一位学生的特点，适当给予学生一些引导。学生都希望得到老师的肯定，而老师肯定学生，会比批评学生来得明确，收到事半功倍的效果。

当教师最重要的是不能存在偏差心理。虽然是普通班的学生，但这些学生还是有他们的优点的，不一定普通班的学生就是差的。教师要敞开自己的胸怀，把学生当做自己的弟弟妹妹，甚至作为自己的孩子，这样对学生付出关爱，相对地学生也会受到潜移默化的影响，他们也会在不知不觉中回报教师。

# 班主任要善待学生的“错”

生物系20082311　林　漫

每个人成长与成熟的过程，同时也是一个不断犯错与改错的过程。

每个孩子都有犯错的权利，我们作为教育者应该允许学生犯错，但不是无视学生的错误，而是要抓住学生的错误，并以此为契机，有智慧地进行教育，从而促使他（她）不断进行自我反思，达到自我教育，获得成长的目的。将近一个学期的班主任工作，我总结出这样一句话：善待学生的“犯错”。

正值金秋，我踏上顶岗支教之路，来到凤凰这个山清水秀的小镇。我的实习学校是凤凰华侨中学，这里的领导、老师、学生都非常热情。在这片充满茶香的土地上我开始了心中的梦想，怀着对学生的满腔热忱与激情，我全身心地投入到教育教学中去。每天我都与学生在一起，学生成了我这段实习生活中最重要的一部分，学生的一点一滴总能牵动我那敏感的神经。

那个早上，我像往常一样去教室监督早读。经过男厕所时我闻到一股烟味，从厕所传来的正是我班的嘉同学的声音，我假装什么事都没有来到教室，不一会儿他也进教室了。来到教室后他并没有读书，而是在座位上玩手机。我暗示他很多次后他仍然没有改正，于是，我没收了他的手机并告诉他放学后到我办公室来。放学后，我在办公室的走廊等他，我并没有摊牌指责他吸烟，也没有责备他没有早读。我对他的了解还是比较多的，他在小学的时候总是当班长，学习成绩也很不错，当时还去参加了金中的考试。他的家庭条件十分优越，爸爸妈妈都非常疼爱他。但他进入初中后，认识了学校里的一些“老大”，慢慢地，嘉也成为学校里的“老大”。吸烟、打架、厌学……一想到他小学里的表现还有得知他父母非常重视他的学习后，作为班主任的我有点不忍心看着他这样放弃自己。我们两个人在走廊站了很久，我什么话都没说只是看着他，也许从我眼中他读出了什么，低下了头。我开始讲了很多他以前的情况，还有他家里的情况，以及他父母对他的期望。因为他跟以前的我很像，我也跟他讲了一些我走过的弯路。那个傍晚，我没有半句责备的话语。“老师知道你是个比较成熟、懂事的孩子，今天跟你讲这些你都会懂的，接下来你要怎么做相信你也懂。”我将手机还给了他，他惊奇地看了我一下。“没收你的手机不是我的目的。”说完之后我便离开了。15分钟后，我收到了嘉发过来的短信：老师，谢谢您，在我犯错的时候跟我讲了这么多话，而不是一味地批评我。你是我见过最好的老师。我知道怎么做了，我不会让你失望的。接下来的那几天，嘉的表现确实让我感到很欣慰。不过没过几天，我又看到他跟那帮所谓的“兄弟”走在一起，还听说他们在校外跟别人打了架。我有点失望，但立马想起我的指导班主任跟我说过的一句话：初一的学生都只是孩子，今天你对他们说的话几天后他们就会忘记，所以我们就得常常说、时时说，因此，才有了婆婆妈妈的我们。周二的第一节是我们班的历史课，是由顶岗支教的同事上的，这节课，我也来到我们班听课，目的是想了解嘉的听课情况（他一直都在睡觉）。那天晚上，我给嘉写了一封很长的信，信里说到了友情、爱情、亲情之间的关系，也向他分析了这个年龄阶段应该做什么。其实他知道他真正的朋友不多，他愿意花时间在这些所谓的“朋友”身上，只是害怕离开他们之后自己就会变得孤单。第二天他看了信之后问：“老师，这些你怎么知道?”我说：“因为你是我的学生，我也是从你们这个年龄走过来的。”从他的眼里，我看出了他很后悔。他低下头说：“老师，过去的我太傻了，不懂得怎样选择朋友，放弃了不该放弃的东西。”我不知道这次他是否真正地懂得了，但我宁愿选择相信他已经懂了。嘉是个很敏感的学生，谁真心对他好他可以感受得到。对于嘉这个孩子，只要他能静下心来学习，成绩很快就能追上来，只是不知道他什么时候才能静下心来。我也不敢奢求他一下子就转变，我愿意给他时间，愿意陪他慢慢改变。第14周的时候，每个班有8个名额入团，要求品学兼优。嘉说他想入团，我说，只要你努力，下学期一定有机会。第16周，我们实习结束了。尽管嘉还没能静下心来学习，但比开学初已经有很大的改变。他给我写了一封信，信的内容是：漫姐，您说的每句话，写给我的每一张纸条，我都会记住。真的很舍不得您，您就要离开了。等您回来的时候，我一定要变得比现在更懂事，我一定要好好学习，下学期我一定要入团。谢谢您对我那么多的关心。

对于嘉到了初中后的叛逆，所犯下的错误，如果我们一味地责备，一味地追问，只会导致更严重的后果。随着信息技术日新月异的发展，学生对新事物的兴趣会变得十分广泛，他们大多有强烈的叛逆意识，追求自我个性的张扬。作为班主任，我们应该理解这种叛逆，宽容他们，理解他们，接受他们所犯的错误，耐心而又理性地引导他们走上正轨。教育是否成功就在于教师能否令一个处于叛逆期的孩子走上正轨，从而真正爱上课本。

人非圣贤，孰能无过。对于学生的错误，我们应少些怒气，多些耐心；

少些激情澎湃，多些理性思考；少些急躁，多些宽容。因为我们是老师，他们是学生，所以，我们要善待他们的“犯错”，要用自己的教育智慧使这个“错”成为他们人生中一个最值得回忆的美丽的“错”。

# 为了难忘的记忆，她咬了我一口

生物系 20082311　陈映淑

12 月 24 日，我们离开新圩了，有很多孩子来送我们。一个孩子拉住了我的手狠狠地咬了我一口。她说："一定要记住我。"这个傻瓜，我怎么会忘了她呢？她叫 MH，她不聪明，数学基础很差，不过干活很勤快，这是原班主任的评价。

的确，正如原班主任所说，她的数学基础很差。我任课的科目是生物，有一次测试的时候，我出了一道简单的计算题，这一道题目很多同学都能计算出结果，但是她不能，她把题目的分析过程都写得很完整但没有计算出结果。我觉得非常奇怪，她平时问一些问题的时候很喜欢刨根问底，为什么答案却留空白？于是我便找她来聊。不聊不知道，一聊吓一跳。她说，她从小学三年级因为数学老师的一句话便放弃学数学了，现在上了初中即使想学也没办法学会。谈话快结束的时候，我问了一句："你想不想学？"我只记得她当时用一种很复杂的眼神看着我，怀疑我也怀疑她自己，良久才说："我学不会了，我不想学。"不知为什么，当时我的心咯噔了一下。后来我又跟她聊了一两次，鼓励她重新拾起学数学的信心，并帮她制订了一些学习计划。在帮她辅导的过程中，我觉得她是很聪明的一个孩子，她的分析能力很好，表达能力也很好，但是她经常习惯在大脑中想而不习惯将其写下来，解题的时候经常有思维跳跃的习惯。根据她这种情况，我对她的学习提出了一些要求，比如，做数学题的时候，本子和笔不离手，一定要把步骤写出来，要多思考，不要仅仅只是听……

第一次辅导的时候，我讲得比较多，发现她理解能力很好，她很认真地听，拼命地强记。但是，我觉得这种方法不行，因为她只是在听而没有思考，于是我将教学方法调整成设计问题让她一步步讲出来，或是讲思路让她自己写出过程，或是让她做题讲给我听。通过这种方式，我觉得她学得比较多，而且有较多的成就感，兴趣也能够一直保持。现在她已经能够做简单的加减乘除以及解基本的方程了。更令我开心的是，她现在能够勇敢地去问同学问题了。

给她辅导的时候，我有时觉得很累。因为很多简单的计算比如 $12\times13$ 她就没法算了，怎么算必须讲，经常一道题目需要讲半个小时以上，刚开始我心里会有点不耐烦。但是，看到她那种很认真听的眼神，那种想学的欲望，我就会觉得很欣慰。

我想我一定会一直记住她的，更会记住她让我也学到的东西。是她，让我觉得每个孩子不愿意学习或是做一些事情，总是有自己的理由的，如果可以，多花一点心思问问他们为什么，那么你会发现他们不是故意调皮捣蛋更不是有意与你作对的。我们不要那么快就否定他们，也不要轻易放弃他们，有时候他们只是不敢学，而不是不想学。好学生是夸出来的，多给孩子一些鼓励，他一定会还你一片灿烂。有时候，与其我们讲给孩子听，不如让他们自己去发现。有时他可能只是在背我们给他的答案，完全不思考，当他记不住或是不能理解的时候就会觉得很难学，慢慢就会失去学习的兴趣和信心。但如果我们让学生自己去寻找，当他找到丢失的果实的时候，他会很开心，会很有成就感，这样他们也能保持更好的学习兴趣。此外，作为一个教师，我们真的需要谨言慎行，因为有时我们的一句话或是一个眼神会对孩子的心灵造成很大的影响。所以，教师要经常对他们说："加油，你行的。"那些孩子会感受到你的用心良苦的。

# 在支教的日子里

旅管系 20082711　黄细华

支教一个学期已经结束了，当初是本着提高教学技能、锻炼自己处理班级事务的初衷去支教的。一个学期下来，收获确实挺多的。

这个学期我是负责九年级 3 个慢班的教学工作。潮州市去年中考就把地理列为必考科目，虽然考试形式简单，但也足够引起师生重视了。所以，九年级的地理教学主要是给学生复习七年级和八年级已经学过的知识，每节课上一章的内容。我的任务是每个星期上一节课，教 3 个班。所以一个星期也只有 3 节课，看起来负担不大，但是，刚走上工作岗位就上复习课，的确挺有难度的。其他同学上的都是新课，每次备课，他们都在想办法拓展知识，而我是在想办法把课本里 20 多页甚至 30 多页的知识浓缩成一节课来讲。

初次踏上讲台我觉得没有底气。于是，我很用心地备课，准备结合课本的内容把一些生活中的地理知识融入课堂中，有意识地“让地理走进生活”。

我先是做自我介绍，然后介绍自己的专业，再谈了自己对地理的喜爱。接着便顺水推舟地提问全班：“你能看到或者想到哪一些跟地理有关的现象?”

很多人被我这么一问，直愣愣地盯着我。他们一言不发，我只好开头：“大家有没有注意到咱们学校行政楼墙上有两幅地图?”他们齐声说：“有。”于是，我慢慢地把他们的注意力引到我的问题上来，接着又一一跟他们提出了几个关键词——天气、气候、风向、方向、房屋朝向、民居、地形、植被分布等，再由这些关键词拓展知识，把地理跟日常生活联系起来。他们后来不会像一开始那么拘束了，很配合我的提问、引导，教学双边互动进行得很顺利。我看到那一双双对知识如饥似渴的眼睛，心里很激动，为自己能够站在讲台上以一个老师的身份把地理知识渗透到他们的生活中而感到开心。第一次站在新圩中学九年级的讲台上，多少有点紧张，但我知道我正以一种学生易于接受的方式在向他们传播知识。我觉得自己挺有成就感的。第一次课圆满地结束，也给学生留下了好的印象。

在后来的任课中，一方面，我需要顾及课本的基础知识；另一方面，我又尽力地给他们补充一些跟课程有关而课本没有涉及的知识，所以备课往往花了很多时间和精力，上课过程中也要讲得很吃力才能把课讲完。

在复习“地图”这一章的内容时，我利用中国地图和厦门地图给他们解释比例尺以及地图的运用问题，不仅加深了我自己对比例尺的理解，也让学生对“地图”有了更全面的认识和理解，以便更好地记忆。

在复习“陆地与海洋”这一章时，讲到“世界关注海洋”这一标题的时候，我向他们简单讲述了“南海争端”的问题，提醒学生关注时事，培养学生的爱国主义精神。

在复习“天气与气候”这一章时，我向学生讲述了我们的亲身经历——爬凤凰山的过程中，山下的温度和山上的温度不同，从而引出“在同一地点，海拔每升高100米，气温大约下降0.6℃”的道理，让学生对这一知识点的印象更加深刻。

在复习“世界人口的增长”时，课本关于世界人口的数据是1999年的，我结合联合国人口基金会发表的《2010年世界人口状况报告》，给他们补充了新的世界人口总数。

在复习“国家知识简述”的时候，我把课本提到的一些袖珍小国——列支敦士登、摩纳哥、梵蒂冈的面积跟新圩中学的面积进行了比较，让学生对这些国家的面积有一定的认识。

在复习“发展中国家和发达国家”的时候，我根据最新的统计资料给学生补充了新知识——2010年发达国家数量，以及一些常见的发达国家和亚洲的发达国家，让学生掌握最新的国际动态。

在复习“国际合作”中的“联合国”的知识点的时候，我补充了新知识“2011年由于南苏丹共和国宣布独立并被第65届联合国大会一致通过决议，联合国由原来的192个成员国，增至193个”，使学生的知识与时俱进。

在复习“中国的疆域和人口”时，我用一首流行歌《孤单北半球》引入，让学生边听歌边提取歌词中涉及的地理知识，进而思考歌词中的“你”在中国的什么方位，在哪个半球、哪个大洲等，让学生以一种特殊的方法记住中国在地球的位置以及位于中国另一端的是什么地方，旨在培养学生积极思考、学以致用、融会贯通的地理素养。

在复习“中国的行政区划”时，我用一首网络流行歌曲《猪都笑了》，寓教于乐，让学生通过歌曲去了解各个省给人的最直观的印象。

12月10日晚有月食，我提前通知学生去关注这一天文现象，第二天又提问学生观察的结果并跟他们进行探讨；12月14日9时至次日凌晨出现双子座流星雨，我也提前通知学生去观察，还给学生讲了一些相关的知识。只可惜当天晚上是多云天气，没办法观测。

在教学过程中，我尽量做到立足课本的基础知识，再适当给学生补充一些课外知识，让课堂更有活力，而不只是复习旧知识那么枯燥。

我争取每上完一节课就发一张练习卷给他们做，隔天早读再收上来批改。所以，一个星期看似只有三节课，其实大部分时间都在“备课、出题、复印试卷、上课、催交试卷、批改试卷、课后找时间评讲试题”上了。由于学生的基础很差，七年级和八年级的时候他们对地理没兴趣，那时有些学生上课也是基本上都不怎么听讲的，更别说课后去花时间学习了。因此，复习课不仅对我来讲有难度，对他们来讲难度更大。他们的知识急需及时巩固，所以虽然地理是副科，我却没把自己当成是一个副科老师，学习方面该抓还是得抓。很多学生不爱学习，虽然课堂上听了，但是课后又把知识还给我了。我觉得这种“上课、做题、巩固”的方式再适合不过了。我和我的指导老师不同，他教的班是全校的重点班，学生基础相对来说比较好，学习也很自觉，基本上不用老师操心，更不用老师催作业。刚开始，我每作一个决定都会去征求指导老师的意见，他一直鼓励我大胆去做，只要是对学生好的措施，他都很支持我。

经过一个学期的奋斗，我在最后一节课上问学生：“你们觉得这学期的地理有没有进步?”很多人都跟我说有，还有的学生说：“以前一点兴趣都没有，对地理也一窍不通，连方向都分不清楚，但是现在已经对这门课很有兴趣了，也有信心学好!”听到这样的话，我觉得这学期再辛苦也是值得的了。

支教的生活确实不能跟实习进行对比，有人说实习是在跟工作谈恋爱，而支教是相亲之后就直接结婚，所以支教和实习的感受很不一样。

虽然一个学期挺长的，但在离别的时候却觉得很短暂。是的，支教的日子让我对于教师这一职业有了更为深刻的体会。地理教育这条路我才刚刚走了几步，未来还有很长的路要走，而我也坚信自己能给学生带来快乐的学习和体验，让他们把地理当成对自己终身有用的知识。

# 阿豪的转变，坚定了我做教师的信念

生物系 20082312　吴乐榕

能辅导阿豪这孩子，应该说是有契机的。

事情得从10月27日说起，那天星期四，下午最后一节上思想品德课。课堂上，阿豪与后桌的女生说话，下课后两个人被思品实习老师叫到办公室接受教育。批评教育后，那个小女生回去了，而不知道为什么，阿豪一脸委屈，呆呆地站在那里，老师问他话，他也不回答。那天，我和班主任老师也在场，这时候，班主任老师过去询问了一下情况，我感觉到他的眼睛里有泪水，一直四处张望，我猜他是不敢在班主任老师面前掉眼泪。后来他一直不肯开口，班主任老师就带他走出办公室，一会儿之后班主任老师进来，说不知道怎么的，他没有开口就站在那哭了。我出去，想找他聊聊，但是他见我出去，就跑了，我拉不住他……

阿豪这孩子，他喜欢生物，是生物科代表，我一直很喜欢他，虽然说他上课偶尔会开小差，但是他很有礼貌，喜欢帮老师做一些事情，头脑也很聪明。他那天的举动让我很不解，我与思品实习老师沟通之后也觉得没有说什么伤害到他的话呀！

第二天，在班级的留言本上我看到了他的留言，他写了“恨老师、恨级长、恨校长”和“为什么只有男生尊重女生”。下午放学后，我找到了他，要他留下来我们好好聊一聊，他同意了。但是，这小男生一直不大愿意开口，而且在与其交谈的过程中，他不时地叹气，一个小时左右了解到的信息其实并不多，但是由刚开始的“恨”我到后来说“不恨”，这让我觉得没有白费功夫。分析他的所谓“恨老师恨校长”以及不明白“为什么只有男生尊重女生”其实都不是他内心的真实情感，他只是把烦恼扩大了，然后找个方法发泄出来而已，他的本质并不坏。从他的一句“为什么我总考不及格”可以深刻体会到“考不及格”是他很大的烦恼。他是真的想要学习，但因为之前落下太多功课，现在跟不上老师的进度了，所以自己失去信心。后来我觉得也聊不出什么，就交给他一个任务，要他周末回家好好想一想，把烦恼写下来。

周一早上在班里见到他，我发现他变了，不再像周五那天一样闷闷不乐了，似乎变回原来那个会说、会笑、会玩的豪了，看得我心里有一丝丝的开心。我问他有没有写，他递给我一张纸，上面写了“我的烦恼（十万个为什么）”，总共28条。当时我看了觉得很好笑，不过很现实，那时我的想法就是他愿意说出来，我决心帮助他，锁定这个目标，尽心尽力，看期末能不能给自己交一份相对满意的答卷。有些事情，虽然我没有完全的把握，但我愿意去尝试。

分析整理了他的28条烦恼之后，我下午又找他聊。这一回，他开朗了许多，愿意和我分享他的一些经历。他有个弟弟很优秀，家里奖状一大叠，对比之下，他烦恼自己为什么不优秀，他觉得父母偏心。另外，他无法理解妈妈对他的爱，总嫌妈妈唠叨。交流中，我尝试引导他感受爱、体会爱并告诉他要懂得感恩，他有些反应，但这个问题也不是一朝一夕就能解决的。另外，就是关于他的学习问题，我主动提出愿意辅导他，并肯定他，鼓励他只要坚持下来一定会进步的，他答应了。

第二天起，我就开始给他补习数学和英语，每天放学后他都很主动地到办公室找我，如果我在忙，他就在外面等，也因为有了他的主动配合，我才能够坚持下来。他开始慢慢地进入状态，我的工作也多了起来，但是我给自己一个要求，虽然辛苦一点，忙碌一点，但是没关系，这些我都愿意，不管多苦多累都要坚持，借张校长的话就是为这里的教育事业贡献我们的一份力量。

期中考试，他生物科考了21.5分（满分30分），我就及时地鼓励他，让他自信起来，让他相信可以通过自己的努力达到想要的结果。在后来的一次数学考试前一天，他学习状态很不好，我问他为什么，他叹了一声气之后，小声地说了一句“明天要考数学”。我告诉他：“不要有太大的压力，我没有要求你必须考几分呀！”他说“你没有要求，家里有要求”。此时，我才知道他妈妈要求他至少得考及格，因此他压力很大。那天我没再继续给他补课，而是和他聊了聊，鼓励他不要压力太大，要相信自己，考多少就多少，没关系的。第二天的数学考试，他考了59分，而我请求任课老师多给了他1分。

通过不断的努力，他真的进步了，我为他高兴，但是他似乎不是很开心，因为以前他在课堂上开小差被其他老师否定，有的老师还告诉他不要浪费老师的时间。他是个懂事的孩子，原来无形中我也给他带来了压力，我告诉他，我没有放弃他，希望他自己不要放弃自己，那才有可能改变他人对自己的看法。

通过阿豪的这件事，让我体会到爱心与耐心在教育中的重要性，作为一个教师，要对学生付出爱心和耐心，不要放弃任何一个学生，这样可以让自己收获幸福，体会到自身的价值。

可惜，支教结束我回韩师了，没办法继续辅导他。走的时候，我告诉他不要放弃自己，一定要坚持。后来，我与他妈妈通过电话谈了他的一些情况，并希望他妈妈鼓励他，不要给他太多无形的压力。他妈妈告诉我，我的话阿豪会听，我很惊讶，原来就像花草树木趋向于阳光一样，学生也会趋向于老师，我们会继续联系，他答应我自己不会放弃的，这小男孩的转变，更加坚定了我要成为一个好教师的信念……

# 只要你肯付出爱，教育就会有成效

数信系20081112　黄楚霞

这个学期我很荣幸能够到饶平县新圩中学去当支教老师。本来第一次当老师是应该出现在实习期间，一般情况下是实习一个半月就够了，可是我们这一次有点特殊，是到比较偏远的地方去支教，而且是整整一个学期。这次的支教也给了我与别人不一样的实习感受，给我带来了不一样的实习经验。

我在新圩中学所带的班级是八年级（2）班，他们是一群很天真可爱的学生。跟他们相处的这半年时间里，我们有很多美好的回忆，点点滴滴，彼此都经历了很多难忘的时刻，给我的生活带来了种种惊喜和挑战，让我的支教生活过得丰富多彩、有滋有味。通过我的努力和指导老师的帮助，这一个学期我对八年级（2）班付出了很多，同时也收获了很多。

八年级是处于中学的中间阶段，七年级的学生由于刚刚升入初中，对一切都充满新鲜感，这个时候老师可以很好地引导他们，得到他们的信任；而九年级的学生，由于面临着中考的压力，能够自觉地把心思放在学习上，不需要老师花太多的精力去管束他们；而偏偏就是八年级的学生，对学校的一切都是很熟悉的，也没有太多的学习压力，这种时候他们很容易放松学习每天的心思都是想着玩。这个时候班上总是出现很多不想学习还一心想着调皮捣蛋的学生，我带的班级就是这样一种情况。

对于班上的后进生，或者说是破坏纪律经常会捣蛋的学生，我的普遍处理方法就是：狠狠地责骂他们一顿，惩罚他们，甚至很凶地打他们一顿，留给他们痛的记忆。是啊，这样在当时是最直接的惩罚办法，也是最省事的办法。我在一开始的时候也是这样对待他们的，甚至有一次四个女生在课堂上讲话，影响到我上课，下课之后我将她们四个叫到办公室狠狠地责骂了一顿，还把两个都骂哭了。后来才知道，这样做不仅得不到好的批评效果，还有损她们的自尊。通过那一次我就进行反思，当我们遇到这样不爱学习，而又控制不住自己在课堂上想要说话的学生，甚至捣蛋影响我们的课堂正常秩序的学生，作为教师的我们该怎么办呢？这个问题一直困扰着我，我一直在寻找适合的方法来解决。

我明白，现在学生所处的都是需要老师关注和关爱的年龄，如果我能够让他们每一个人都感受到我对他们的爱的话，他们也许会听我的话而作适当的改变，甚至会把心思放在学习上。班上有一个基本上是从不学习，也从不听课的男生，我把他安排在第一排，觉得这样可以很好地管束他。可是他并没有因为座位的改变而改变，依旧保持他原先的作风，想讲话就讲话，想玩就玩，直到下课的时候我把他叫到办公室。但这一次我没有直接地批评他，而是让他坐到我身边的另一张椅子上，他突然有点傻了，有点不好意思了。这个时候我发现也许他心里对老师的戒备心放松了，觉得老师的做法跟以前有点不一样了。接下来，我并不直接说他课堂讲话的事情，而是转移话题，跟他聊聊他最近数学作业的情况。由于他没有听课，课后自己也不好好去看书，作业是抄来的，可是连抄错他也没发现。我把他的作业本拿出来，给他讲解他做错的地方，并教他如何做这样的题目，直到教会他为止。他临走之前，我只是轻轻地对他说了一声，“作业记得下次要按时完成，还要自己写哦。这样你下次错了，老师才能够帮你改正啊”。

也许就是我简单的这样一句临别的关怀，让他在接下来的时间里有了一点点的改变。虽然他上课还是偶尔会讲话，但如果这个时候我给他一个严厉的眼神，让他注意到老师在看他，给他警告的时候，他会有所收敛，乖乖地听一会课。这样相比之前他一整节课都喋喋不休地讲话进步很多了。我当然不能放过这样的一个机会，下课后我在办公室门前看到他，把他叫到办公室，像朋友一样关心问候他：“最近你的表现不错哦，作业也都能够按时完成，只不过还要把字写得工整点。”看到我这样笑着对他说，他的心情也很不错，因为得到了老师的肯定。

在接下来的单元测试题中，他比上次进步了很多（虽然有一部分答案是抄他同桌的），我在班上表扬了他，课后还奖励他一个小本子，希望他再接再厉。可是考完试之后，他又放松了自己的学习，变回他之前那种散漫的状态了，也许现在他年纪还小，自我约束能力还很有限，我也不能够怪他。直到有一次数学课，他又在我的课堂上说话，甚至随意走动。这一次我真的想好好教训他了，可是我又不想直接把他叫到办公室来。这一次我采用的是推迟处理法，不想马上责怪他，而是等到最后一节课的时候，让他来办公室找我。等他来到办公室，我也不想理睬他，只是静静地在批改作业，把他晾在一边。没有想到这一次他比我心急了，急忙跟我道歉：“老师，刚才上课我错了，不该讲话影响大家上课。老师，你就骂我吧，不要不理我啊！”本来那个时候我是很生气的，本想待会好好教训他一下，可是看到他那么快就意识到自己的错误，看到一个大男孩在我面前撒娇求饶，我只能好好地利用这样的机会，问他："如果下次你还是这样继续犯的话，你该怎么办？这一次我要你给我写保证书了。"他一脸茫然地说："任凭老师处置。"我把早就想好的处理方法告诉他："如果下次再有同样的事情发生，我就不会再责骂你了，而是直接让你来办公室帮老师打扫卫生了。"并马上给他一张纸，让他写保证书，以防他反悔。其实，对于一个男生来说，被老师罚到办公室来打扫卫生应该是一件很丢脸的事情，也是一件很伤面子的事情。

接下来的这个星期里，他的表现很不错，慢慢地在约束自己，不会再轻易在课堂上捣蛋了。他跟以前比较，有很大的差别。他是个很倔强的学生，以前看到老师，基本上都是不叫老师的，现在他看到我，居然叫我老师了。他是班上最让我烦心的学生，很多老师都拿他没有办法，也不想理睬他了，我是第一个主动地去关注他的老师，他居然愿意把我当做"姐姐"看待了。这一切都让我有点意外，在接下来的相处时间里，我还是没有放弃对他的关注，每次他的作业我都是亲自为他讲解，只要他做错了，我都让他到我办公室来改作业，慢慢地，他把一部分的心思放在学习上，数学也在慢慢地进步了。

在后来的一次聊天中，我问他："怎么现在肯跟我这么接近，肯接受我的批评，肯来上我的课，肯听我的课了？"他是这样问答我的："老师，你对我这么好，从来不嫌弃我成绩差，愿意来教我，还经常为我改作业，慢慢地我知道你其实真的很爱我。所以，我们很喜欢你，都愿意上你的课了。"

虽然只是短短的几句话，却让我感动很久，为了他对我说所的话，我将继续努力地工作，努力地去关心班上的学生，一步步走进他们的内心，让他们相信和信任我，让他们喜欢我。是啊，老师对学生付出多少，每个学生心里都是可以感受到的，他们都能够深深地体会到老师的付出。作为教师不要放弃每一个学生，特别是不要吝啬你对学生的爱，你的每一份付出，最后一定能够收到意外的效果。

这短短的一个学期的时间，让我有机会接触到这一群调皮又富有活力的学生，让我在同他们相处的这些日子里，得到了很多意外的收获，受到了很多的启发。也许现在我还是一个年轻的、没有经验的老师，在教学的这条道路上还有更多的美待我去发现、总结和提高，但我也深深地意识到了老师这个职业的神圣和重要性。我们教学的对象是一群活生生的学生，一群如此有朝气和活力的学生，我们肩上所负的责任很重。只要我们肯付出爱，相信他们一定会有进步，会给我们带来意外的惊喜，会让我们看到他们的成绩，这个道理将会伴随我以后的教师生涯，让我受用终生。

# 教师要平等对待每一位学生

数信系 20081112　黄晓春

我担任的是703班的班主任和数学老师，在班上有一个特殊的学生——江。他的特殊不在于他有着过于常人的本领或与众不同的地方，而在于他的身份——江副校长的儿子。

开学的第一天我就认识他了。早读课，大家都在安静地看书，唯有他一直在说话，于是我走过去批评了他几句。这时，他扭过头来，正是那极具杀伤力的眼神让我记住了他，他一双眼睛直对着我，一副不服气的样子，还跟我顶了嘴。那时，我打心里不大喜欢这个学生。

之后，我无意间听到他是江校长的儿子。当时我真的很惊讶，校长的儿子怎么会这样子？江校长在我的心目中是如此的慈祥、高大，而他的儿子，虽然很聪明，但不喜欢学习，性格倔强，个性刚硬，有很强的抵触情绪，越是你反对的事情，他越和你对着干。上课时他的话多得不得了，而且屡教不改，总之，他是一个叛逆心理极其严重的学生。

我一直想不通为什么他和江校长的性格差别会如此之大，难道是校长太宠他了，任由他在学校胡作非为？通过与其他老师和校长的交谈我排除了这个可能性，校长得知他在学校的所作所为也会经常批评他，并没有助长他的气焰。那到底是什么原因让一个孩子的性格变成这个样子呢？我一直百思不得其解，在那里待的时间越来越长，慢慢地，我隐约能够觉察到一点端倪。他是校长的儿子，这个身份让他受到太多人的关注，同时也让他背负着太多的压力。因为身份特殊，所以他得到了很多老师的“关心”。上课一说话，下课就会被老师叫到办公室唠叨个不停；考试考不好，其他老师就会与他最近的表现联系上，并把这些情况反映给校长。因为成绩不好，有些老师甚至会趁着早读或午自习把他叫到办公室进行单独辅导。他是办公室的常客，经常会因为或大或小的事情被老师训话，很少听到有人会表扬他。每次他一踏进办公室，所有人的目光都会不约而同地聚集在他身上，心里想着：“江又怎么了？”可以说他整天都是在无数双眼睛的督促下生活着，在批评声中长大，这一切看似特殊照顾的行为对他来说真的是关心吗？这些我不得而知，他经常会被老师叫到办公室，而每次被训斥后从办公室出来他脸上的表情都在告诉我们，他是如此的厌烦和不服气，抵触情绪和叛逆心理就这样一点点地积攒起来。或许，他并不希望有太大的关注度，或许，他更加渴望自己只是一名普通的学生，能够得到老师的平等对待，能够有一点自己的私人空间，仅此而已。

那天是星期四上午，第二节上体育课，第三节上我的数学课。第三节的上课铃响了，班主任先进去交代了几句话，他发现江还没有回到教室。之后我进去上课，差不多过了十分钟，我隐约听到了很急促的脚步声，“啪、啪、啪……”脚步声停在了教室前门。我回头一看，是他，江，他神情慌张，不停地喘气，刚才应该跑得很快，可能是意识到自己迟到了。他就那样站在前门一直看着我，我看了他一眼就转过头不理他了，心想，迟到了连报告都不会吗？连这最基本的礼貌都不懂吗？不，我不能就这样让他轻易进教室，他没有这个特权，即便是校长的儿子，也要报告完才能让他进来。于是我转过身在黑板上写例题，等待着他的那一声报告，谁知道，我又听到了“啪、啪、啪……”的声音朝后门而去，那时我心想，算了，如果他不报告，想从后门溜进来，那我也就睁一只眼闭一只眼当做不知道，让他进教室好了。写完例题转过身，发现他的座位还是空着的，一看，他居然站在了教室后门外面，心想，怎么会站在教室外面呢？难道刚才迟到被班主任逮到，班主任让他在外面罚站，应该十有八九是这样子，又想到他平时喜欢说话，不听管教，罚一下也好，而且课也还没讲完，所以我就没有再去理他了，继续讲课。

铃、铃、铃……下课了，我回到办公室，气氛有点怪，怎么很多老师都回过头来看了我一下，这是怎么了，跟我一起支教的同学悄悄地告诉我，刚才江在外面罚站引起了一阵轰动，很多老师都跑出去看。才坐下来，班主任就问我：“江他上课又说话了？”我说：“没有啊！”班主任又问：“那他怎么被你叫到外面罚站？”我惊讶地说：“他不是因为迟到被您叫到外面罚站的吗？”班主任说：“没有啊！”我说：“他刚才急匆匆地跑到教室前门站了一下，后来又二话不说地自己在教室外面站了一节课，我还以为是他迟到了，被您逮到，然后叫他在教室外面罚站呢。”班主任说：“没有的事，那这倒得好好跟他谈一下，看他刚才为什么要在外面站一节课。”

于是我把他叫到办公室，说：“江，怎么刚才上数学课要在外面站一整节课呢？”“您不让我进去！”他有点委屈地说。“你没报告！”我说。他斩钉截铁地说：“我有！”“但是我没听到，你跑到前门站了一下，我没有听到你说报告，也没有看到你做出报告的手势，然后你自己就跑到教室外面站着，我还以为你是因为迟到被班主任罚站呢。”之后，我询问了他迟到的原因，原来是上体育课后身体不舒服，跑到休息室休息，听到上课铃响了才急匆匆地跑回来。听到这些，我不忍心再批评他了，我的语气较之前缓和了很多。我说：“今天这件事啊，你要吸取一点教训，以后迟到了，记得一定要报告，而且要说大声点，并做出报告的手势，老师示意你进来之后，你就可以进教室了，知道吗?”他很认真地点了点头。

过了几天，上课了，我刚好有事经过703班，江来晚了，这时，让我惊喜的一幕出现了，只见他站在门口，站得直直的，很大声地说了一声“报告”，并做出了标准的报告手势，上课的老师就让他进去了。

看到这一幕，我心里又是惊讶又是开心，一向屡教不改的江居然把我说的话给听了进去。回想起如果没有那天的教训，他可能到现在还不会懂得迟到了要报告，我相信当时如果是其他老师，没报告他们也一定会让他进去的，但是我没有，我只是把他当做一个普通的学生来对待，而这样他反而能够欣然地接受批评并改正过来。

经过这件事，我觉得对待他，应该像对待其他学生一样，不要带有刻意的迹象，要赏罚分明，也许这样会让他觉得更自在些，也更愿意去改正。所以，之后我没有像其他老师一样过度地关注、约束他。在我的眼中他就是一个普通的学生，若犯了错，我会很严厉地批评和教导他，如果有进步我就会及时地给予表扬，慢慢地，他改变了，上课说话少了，对人有礼貌了，不太会跟老师顶嘴了，进办公室的次数减少了，而我，默默地为他的这种改变感到欣慰。

每一位学生无论他成绩有多优秀，家庭条件有多好，家庭背景有多硬，在教师的心目中都应该是平等的。作为教师，不应该对某些学生额外照顾，可能我们所谓的“关心”对他们来说是一种负担和压力，结果可能会适得其反。一个真正有人格魅力的教师，应该去尊重和宽容每一个学生，平等公平地对待所有的学生，无论学生是聪明的还是愚笨的、乖巧的还是顽劣的，我们都要一视同仁。平等地对待每一位学生，不仅使教师的人格大放异彩，更主要的是能够让学生纯洁的心灵得以健康成长。

# 鼓励的魅力

数信系 20081111　陈邓芝

看了学生们给我的留言，我心里暖暖的。三个多月的支教生活历历在目，感慨颇多。

记得 8 月 30 日，刚接手这个所有老师公认最差的班时，我只能自认倒霉，但报名这天，我还是早早地来到教室等学生来报到。已经在这学校混过了一年的他们一眼就看出我是新老师，上了初二的他们有些调皮又有些叛逆。来报到的学生对新鲜事物总会比较感兴趣，于是总不忘多看我几眼，但我一直板着脸。其实我也不想这样，只是听了师兄师姐们的经验介绍，说一开始不能让他们觉得你这个老师好欺负，因此我一开始总是装得很严肃。这确实让我在一开始少了很多麻烦。

但没过几天，他们就开始试探和挑衅我了，有学生故意上课说话，想看我怎么处理。按他们学校的一个惯例就是直接叫去办公室罚站，但我不忍心，那样学生不但没能学到知识，还会浪费青春时光。于是我第一次只是走到他旁边暗示他，他似乎有点好转，但过了不久他又说话了，我就点了一下他的名字，这一次很有效果。可能是我没看花名册就直接叫出他名字的缘故吧，后来在一次聊天中他说，那天是为了引起我的注意，没想到我居然能够叫出他的名字，他内心开心得不得了。原来无论多调皮，他的内心还是很简单很容易满足的。因此，对教育好他们我也多了一份信心。

为了能够多了解他们，我每天早上 7 点左右就去教室，督促他们早读，并找几个学生谈话。渐渐地对他们有了一定的了解，班里有好多学生都不想读书，想辍学，但父母不肯，没办法只能贴着九年义务教育的标签把学校当托儿所，学生每天在学校浑浑噩噩地混日子，爱玩的本性和青春期的叛逆给学校老师和领导增添了不少麻烦，他们打架斗殴、破坏公物、抽烟、违反纪律等等。我看在眼里急在心里，总想去改变他们这种对人生不负责任的态度，但无论我多么苦口婆心地找他们谈话，他们都似乎有些麻木，甚至是冷漠，有的还直接对我说："老师，你别来找我了，我是不读书的，熬到初中毕业我就出去打工。”有的还说：“我的家庭经济不好，即使我考上高中了，也没钱读书，更何况大学呢。”有的还说到每位农村老师的痛处：“老师你能够上大学，说明你以前读书还不错，但现在也无非在教书而已，工资那么低，还不如我小叔，他没读那么多书，却自己办厂，赚了很多钱。”此时我显得很无助，无奈之余多了些许的心酸。教了十多年书的指导老师对这些都已经见惯不怪了，他平淡地跟我说：“我们不是圣人，每个人都有自己的人生，我们无法去改变，只能给他们提一些建议而已。”也许我该调整好自己的心态，不能把事情想得那么乐观、那么美好。

所以接下来我没有再逼他们学习，平时用开玩笑的口吻跟他们讲道理，他们错了，给他们指出来，并给他们改正的机会。慢慢地跟他们越来越亲近了，他们也开始信任我，有些内向的学生开始跟我说心里话。有些还要了我的QQ号，晚上有时候还会跟我聊上几句，此时我才意识到应该做回我自己，用心去感受这群孩子散发出来的纯朴、活泼与可爱，不要老是用严肃的姿态去面对他们，因为他们很可能不喜欢甚至会很排斥。将心比心，多站在学生的角度去思考问题，其实他们的世界很简单，很单纯。于是，有时我会根据每个学生的具体情况说些鼓励的话，比如对世故却不爱学习的金，我会跟他说：“你很聪明，虽然成绩不算优秀，但跟同学相处得还不错，挺有人缘的，很不错。要是把你的聪明才智用在学习上，相信你是个很优秀的学生。”对有些浮躁而懒惰的树，我会跟他说：“一步一步来，脚踏实地做好每一件事，你是好样的。每天那么早起床做早餐，辛苦了孩子，但别放任自己哦，你非常有潜质。”对越来越爱学习的雄，我会跟他说：“你最近的听讲状态很好，作业完成情况也不错，有很大的进步，不错，继续加油哦，你可以的，老师相信你。”对坐在角落里却一直认真听讲的萍，我会跟她说：“你上课的认真程度让老师很佩服，你非常有潜力，好好加油哦，你行的。”对学习成绩很好但不怎么管理班级的凤，我会跟她说：“你的学习成绩很不错，不过我们一生中不是只有学习，还有生活、工作等等，我们要尽量全面发展。作为班干部应该多关注我们班的情况，然后及时报告老师。班里出现什么问题要懂得跟其他班委商讨对策，我们这个班是一个整体，大家需要你。”我就这样有意无意地鼓励着他们。

不过上课课堂气氛还是非常沉闷，我提出的问题学生都没怎么回答，即使是他们都会的，也只是前面两三位同学在下面弱弱地答几句。很多人都认为数学课堂本来就这样，但我不赞同。于是我请教指导老师，反思自己的教学方式，还上网查阅相关资料，发现主要的问题在我自己身上。由于自身经验不够丰富，上课又只是一味地想让他们多学点东西，而没有顾及所讲的他们是否能够消化。讲课的节奏感把握不到位，一堂课下来总有手忙脚乱的感觉，而且学生的收获也甚微。我认为自己上课时也太严肃了，于是下定决心一定要改善课堂气氛，达到我想要的教学效果。

第二天上课，我用全新的姿态站在讲台上，上课时面带微笑，有时候还冒出几句诙谐的话，引得全班哄堂大笑，尽量营造一种轻松的学习气氛。渐渐地我跟他们的互动越来越频繁了，课堂气氛也越来越活跃，慢慢地听我的课的人越来越多了，提出的问题开始有同学勇敢站起来回答了，每次有同学站起来我都会给予鼓励："某某同学越来越勇敢了，还有哪位同学再来做勇敢的人?"很快对接下来的问题，就有很多人主动举起手来，我再次给予表扬。一节课在轻松的环境下，大家既学到了知识也学得很开心。

对于教学效果我主要还是通过他们做作业的情况进行反馈，然后调整好备课教案。所以我对作业都批改得非常认真，错的地方我都用红笔给圈出来，从不打叉，有时还会注上原因；有新颖的正确做法我会在旁边注上"不错"、"这种做法非常有意思"、"有创意，非常好"等话语；做得全对的同学我在后面写了一个"good!"；有进步的同学我在后面写上"不错，有进步，加油哦"等字样……这些短小的鼓励评语起到的作用还蛮大的。有一次早读课我过去，看到一个学生为了得到我"good"字样的评语，借了我们班数学最厉害的同学的作业本来抄，被我逮了个正着，他有点不好意思地低着头，看他有点惭愧的样子，我不想再增加他的心理压力，便微笑地鼓励他说："这些题不难的，你自己做，不会做来问我。你可以做出来的，老师相信你。"或许是我的宽容和信任感动了他，从此以后他再也没有去抄他人的作业了，即使做错了，他都很实事求是，这让我感到非常欣慰。

这些孩子都很争气，终于在期中考试时像一匹匹黑马，英姿焕发地向前奔冲出来，考出了全年级最好的成绩。原来我们班的学生在有意无意的鼓励中正在慢慢地蜕变，我很替他们高兴。我也明白了这一班的主要特点是需要鼓励，不像隔壁班，总需要他们班主任不断刺激才会考出好成绩。

支教结束的前一天，整个班从未有过的团结，班长也主动组织了班里的同学给我们开了一个欢送会，那些平时安静的同学也上台表演，以表达对我们的谢意。看着这群逐渐进步又多才多艺的孩子们，我内心非常激动。最后好多学生都哭了，他们越来越懂事了，我很欣慰。彼此都很不舍，我们互相拥抱，我安慰他们说："别哭了，孩子们，老师有空还会回来看你们的，你们接下来要好好学习，争取更大的进步，202 班是好样的，老师会想念你们的。"

12 月 16 日中午，趁着他们下午上课前还没到学校，我们选择了跟学生不辞而别，踏上回韩师的路……

# 人在归湖

物电系 20081211　李楚濠

2011 年 9 月，我以“顶岗支教”的名义来到了潮安县归湖中学。

或许是内心充满着对成为一名老师的向往，或许是顶着“支教”的名义，或许是沉醉于归湖中学这美丽的山区环境，我对这个学期充满了信心。

“师者，所以传道授业解惑也。”传道、授业、解惑，在我作为学生的这么多年来，我见到了许许多多的老师，他们都用自己的行为诠释了这六个字。从最初将教师的工作理解成只是教会学生学科知识，到后来体会到教师的工作是“教学”与“育人”相结合，我在努力改变着自己，向着成为一名合格的教师努力。

在归湖中学，我担任的是八年级（1）班物理老师。对于这个班级，我从周围的老师那里了解到这个班级的“不简单”。八年级（1）班是全校有名的“捣蛋班”，我刚接手这班时就认识到了，每节课都有学生被上课的老师叫去办公室批评，用流行语讲就是“扣分叫家长已经阻挡不了他们捣蛋了”。

对于这一情况，我一直在想我能做点什么？

我在这个班一个星期只有 3 节课，我努力地帮这群学生打基础，构建一个大概的物理世界的艰巨工作已经耗费了我绝大多数的时间和精力。

对学习基础不同、行为习惯各异的学生来说，如何将每周 3 节的物理课上好，让学生在轻松的氛围中乐于接受、主动去学，这是我必须放在第一位去做的。对于这个问题，爱学习的学生当然不会让我为难，他们能够主动去学、得到老师的肯定，并且不断进步。那么，如何让那些“问题学生”在我的课堂上愿意认真听我的课，并且配合我的教学工作呢？这些学生上课时总是伴随着睡觉、说话、打闹等违反课堂纪律的行为，他们甚至有些习以为常了，这是一种非常可怕的现象。

我能做点什么？

我是一名物理老师，初中的物理是有趣的，特别是在广东新课标改革的初中课本中添加了许多有趣的实验，有些需要借助专业的仪器，有些则用日常生活中的东西就可以进行。兴趣是最好的老师，寓教于乐更能引起学生的兴趣。所以，对于一些能在简陋的器材室找到合适的仪器进行的实验，我都会尽可能地在课堂上演示给他们看，如演示振动发声、凸透镜成像、光的色散等。事实表明，学生对物理这一门课产生了很大的兴趣。

但是，这还不够！班里的一些学生反映说回到家里他们基本是不学习的，鉴于这种情况，我布置了一定的课外作业，这些作业除了一些比较重要的基础题目外，还有相当大部分是动手能力较强且与生活联系密切的题目，让学生由物理走向生活。举个例子，叫学生画潜望镜光路图时，我会问学生："你做过潜望镜模型吗？""没有？你为什么不去动手做个呢?!"

当然，班里还是存在一部分"顽固分子"的，他们还是照样上课睡觉、说话、打闹。对于这种情况，我能怎么做？周围有经验的老师给我支招，上课一定要黑着脸，说话一定要大声，批评违反纪律的学生时一定要到位等等。我尝试了几次，效果几乎等于零，学生已经吃透了我这个新老师。

对于课堂上出现的状况，我的指导老师批评了我几次，说都是我开学初没有严格对待学生，导致现在学生都不怕我了。一次两次的批评，我也就忍了，觉得初中生调皮捣蛋是可以理解的，但是次数多了我也生气了。对于这一撮破坏课堂纪律的学生，我采取了"分而化之，逐个击破"的策略，将在课上捣乱的学生分批次带到办公室苦口婆心讲道理，不听话就严肃批评。学生什么话都听不进，让我静下心来想了想，师生的关系不应该是这样子的。

先从自己的身上找原因，是不是我太急功近利了，妄想一步登天。没有教育管理经验的我不应该奢望让学生一步到位，达到我理想中的标准。那么，我是不是应该给学生一个逐渐改变适应的过程？

有些学生跟我说"我后悔了，想学习了，但是已经落后太多了"，我对他说道，"起点落后于人，那么就要奋起直追"、"对于失败，很多时候都是怒其不争而已"。这些话，我早已忘了是在哪里看到的，又或许是在哪里听到的，但是一直记忆在我脑海里。现在，我也将它们分享给我的学生，希望有一天他们会懂得这些话的含义，希望当他们明白时还为时未晚。

归湖中学这里的学生是很喜欢跟我们这些支教的老师沟通的，或许是年龄差距不大，又或许是对大学生活的向往，我们可以很好地在一起聊天。当然，我这种行为也被我的指导老师多次提醒要注意自己的教师形象，不要跟学生有太多的接触，不然学生会更加不怕我。对于这个批评建议，我没有很好地接受。我用简单平等的真心与他们交流，办公室外的谈话便是处于生活中的教育，让学生不会抵触的同时，也不会增加我的怠倦感。所以，我跟学生成了不错的朋友。

临走时，我准备了60张明信片，写下了我对他们的祝福与期望，留给他们作为纪念，也希望他们记得有过我这样一个有点不同的物理老师。

也许，我不是一名合格的老师，因为我毕竟年轻没有教学经验，上课有时会遗漏知识点，等到下一节课才补上去，又或者教学语言不够严谨，又或许不够威严等等。但是，我是真的、真心地想给他们留下点什么，即便我走后也能让他们受用终生。

“师者，所以传道授业解惑也”，传道始终是在授业、解惑的前面。

# 浓浓的师生情

音乐系 20081812　何显华

归湖中学是一所乡村学校，有初中部和高中部，全校师生大概 700 人。这里的学生大部分都是留守儿童，家中只有年迈的爷爷或奶奶，他们普遍缺少父母的温暖和关爱，孩子们都不爱读书。我实习的班级是初中一年级。全年级 124 人，只有十几个学生比较爱读书，而且这十几个人之中，没有一个是非常勤奋的，全年级成绩最好的学生，若是跟其他好一点的学校比起来，也只能排个中等名次，学校的学习风气非常不好。

虽然这里的孩子们都不爱学习，可是他们非常纯真、美好和善良，这些从他们的眼神和日常行为中就能看出来。他们平时上课的时候都坐不住，嘴也闲不下来，要不断地和他们说有趣的事情，才能留住他们的注意力，课程才能得以继续。其实他们都不大喜欢音乐书上面的歌曲，都是些《爱我中华》、《四季歌》之类的各国名曲。虽然他们肯开口唱，可是从他们没精打采的声音和眼神中，你便能看出他们对这些歌曲的喜爱程度有多低，可是这些知识又是学生必须得知道的，所以课堂中的趣味必不可少。虽然他们已上初中，可是，毕竟都还是孩子啊。他们都还是些需要爱和耐心灌溉的小树苗，正在成长中的人。在下课后，他们都很喜欢围着我转，问我是哪个省的人啊（在他们看来，只要是说普通话的都是外省人，我说我是广东的，他们其中的一些人还不相信），为什么会来这里支教呀，什么是支教啊之类的问题。我常常一个问题要回答好几遍，因为总是离开了一批学生又来了一批，问来问去都是这些类似的问题，不过我倒也不觉得烦，因为在这样的谈话中，他们能了解一些书本上的知识，而不至于太无知，而我也能从交谈中感受到我早已遗失的童真。

除了每周给他们上音乐课之外，我还会给一些孩子上笛子课，学笛子的学生一共有六个——三个高中和三个初中的女生。初中的这三位女孩子学得很不错，虽然很多时候同一个问题要重复提醒很多遍她们才能不再犯，可是从她们的整体进度来看，学习效果不错，她们非常灵活，接受能力较强。到最后我离开的时候，她们已经能完整地拿下好些各国各地耳熟能详的曲子了，只是她们在文化科的学习上不大努力，我很多时候会跟她们谈学习上的事情，可是她们也只是口头答应，行动上并不见有什么改善和努力。对于这件事，我也是无能为力，常常感到非常遗憾。高中的那三位女生的笛子学得就不是很好了，同样的教学方法，同样的教学内容，她们却学得比初中的学生慢很多。四个星期下来，她们连音阶都还不熟悉，有些音还吹不出来。我想这与她们的学习态度有关。看到这样的结果，我的态度变得非常的严肃。可是，不论是我严肃也好，温柔也罢，她们都不领情，下一次来，音阶还是一样没吹好。高中这三位学生的笛子成绩，是我人生教学中的第一个败笔，也使我开始审视自己的教学方法。我知道，在我以后漫长的教学生涯中，我肯定还会遇上这样的学生，说不定比她们更棘手的都有，我只有不断自省才能更好地完成我的教学任务。

孩子们都喜欢纯真美好的事物，比如花和许愿瓶。我在教师节的时候收到最多的礼物就是花了，一朵朵小花，有塑料的，有纸质的，也有刚从树上摘下的，五颜六色，温暖可爱，就像他们那一张张淳朴的小脸蛋。有些男生不好意思在现实中送，就在 QQ 上送，而他们送的，都是一束束绽放得无比鲜艳的玫瑰花，那些颜色鲜艳的花儿就像他们那一颗颗真诚热情的心，让人感动。其实在归湖实习这段时间里，我收获最多的是孩子们对我的那份真挚的师生之情，当我在课堂上说这是我们最后一节课我即将要离开时，他们都不做声了，只是睁着一双双清澈的眼睛看着我，那眼睛里装满了浓浓的离别之情，让我不忍对望。在我即将要走的这段日子里，我收到了许许多多的礼物，堆成了一座小山，而他们找我找得更加频繁了，让我给他们唱歌，陪他们说话，或者什么都不干，只是静静地看着我，看着看着，然后眼睛就红了——真是一群傻孩子啊，傻得让人无比心疼。特别是当我想起他们是留守儿童身边缺少父爱母爱时，我更是忍不住心中的悲伤，只能把他们拥入怀中紧紧地抱住。

这世上，最让我感动的是亲情，而我在归湖支教实习了一个学期后，让我感动的感情中，就多了归湖的孩子们对我浓浓的师生之情了。愿我教过的孩子们都能健康成长，愿天下的孩子们都能健康地成长。

# 支教实习的一点收获

数信系 20081114　谢泳刁

## 支教实习的决心

众所周知，支教实习的学校都是坐落在比较偏远而落后的地区，环境比较恶劣，而且今年是学校第一次组织学生进行支教实习，很多同学都不愿去吃这只“螃蟹”。所以，当我选择支教实习的时候，很多惊异的眼光向我投来。

但我有自己的打算，就像我在面试的时候向老师说的那样，我觉得这是一个机会，一个锻炼自己的机会。即便我不是特别优秀，也没有特别多的经验，但我有的是热情和对环境挑战的决心。纵使心中对于实习的事情一点把握都没有，对工作该如何开展，该怎样同老师、领导打交道，又该如何和学生相处，心里一点谱都没有，但我认为这是一个经历的过程，凡事都是从不知到知，从不确定到确定的。正是由于对实践的没把握，才能促使我从内心去锻炼自己。所以在实习前我就对老师说了，环境对我来说一点也不成问题，我是在农村长大的，支教实习只不过让我回到了我所熟悉的环境中而已。

## 第一次见面

今天是我跟孩子们第一次见面。由于已经联系上我的指导老师兼班主任吴老师，所以在正式开学的前一天，我和吴老师一起先去见见学生。

首次见面的任务主要是对他们进行入学前的教育和分发课本。开始是吴老师向他们讲解学校的规章制度和在学校里应注意的事项。由于是高一新生，所以对“规矩”的说明要更加的细致和清楚，而班规的制定和班风的形成也是从今天开始，一个好的开始对形成一个优良班集体是很重要的。

刚刚升学让学生们都感到很兴奋，对陌生环境和新同学的新奇感使他们很难安静下来。而如何让他们听清楚并牢记这些枯燥的规章制度，是对班主任的一个考验。吴老师采取的是严厉措施，让他们明白这是一件严肃的事情，不容许他们马虎对待。所以半天的入学教育后，学生们不但了解了学校的所有要求和规则，吴老师也在他们心中形成了一定的威信。

## 对于“读书无用”的反思

凤中是一所坐落于中心镇的郊区中学，有着郊区学校特有的氛围。这里的学生对外面花花世界的接触比较少，相比城市的学生多了一份纯朴和单纯。但正由于和外界接触得少了，所以一些根深蒂固的老思想还是存在于部分家长、学生的脑海里，比如读书无用论。

学校所在的镇由于茶业和旅游业的发展，虽然经济在近几年快速地发展起来，但对待教育的态度却没有多大的转变。以前是由于经济的限制，人们读不起书；但现在经济条件好了，人们却认为读书没有用。一些家长认为，就算读不好书，靠卖茶或带团来家乡旅游，也能生活得很好，这样甚至比读书后生活得更好。家长将这种思想灌输给学生后，导致一部分学生不好好读书，只是在学校里“混文凭”，学生下意识里也认为自己不是读书的材料，只等拿到文凭后出去谋生。

由此引发了我的思考，为什么还有这种思想的存在呢？一方面是由于教育的方式。现今的中国教育还是应试教育，这使教育内容和教学模式呈现出单一性。现在的课堂，特别是不发达地区的课堂，依然是以教师为主的“填鸭式”教学方式，缺少创新性和启发性，学生学习时难免觉得枯燥。另一方面是教师对学生价值观念的教育不到位。义务教育阶段学习的内容都是基础知识，这些知识对孩子的智力、人格的成长都是至关重要的，但大部分的教师只是“教学”而没有教学生“为什么学”，甚至有些学生或家长认为学校教育可有可无。

如果从这些方面进行改进，我想对学生的教育会有所帮助的。

## 支教实习的感慨

我选择支教实习的初衷是想得到更多的锻炼，在这三个多月的时间里，我的确收获了很多，也成长了很多。

首先是教学方面经验的积累。刚开始我对课堂时间把握得不够准确，有时内容没有讲完就听见下课铃声响了。每次在备课的时候总想把尽量多的内容传授给学生，却忽略了一节课只有 45 分钟，也忽略了要让学生在 45 分钟内很好地消化和吸收所学知识。后来我总结，主要是因为自己缺少授课经验，备课准备不充分，课程的时间安排不够合理，讲课的节奏感没有把握到位，一堂课下来总有手忙脚乱的感觉，而且学生的收获也甚微。当然经验需要慢慢积累，在以后的讲课和听课过程中，我都特别注重这个问题。另一个问题是调动学生的积极性。每次课堂上，我都只顾多讲解知识点，甚至忽略了学生的存在，不知道还要观察学生的表情和眼神，观察他们的回馈。可能实习前，我太高估学生的水平。高一正是学生打基础的时期，教学过程中要有一个反复和强调的环节，操练对学生学习很重要，这样学生们对知识点的掌握才能更牢靠。

其次在生活方面我也学到了许多东西，这些东西是在书本里找不到的，这对我以后的生活很有帮助。

在感情方面，学校领导在生活上也为我们提供了很大的帮助，老师们也很热情。我们和各位老师的关系处得很好，他们的热情让我忘了生活上的苦，觉得很开心。虽然生活有点苦，但是他们让我觉得我所做的一切都是值得的。我和学生的感情也很好，和他们建立了很好的朋友关系，他们希望我留下来，但是这并不可能。当我们才渐渐进入角色，发现自己有一群可爱的学生，开始觉得教书也是件挺有趣的事时，实习已经结束了。

## 支教实习的离别

在我们支教来学校的第一次会议上，校长就要求我们“悄悄地来，悄悄地走”。原因是不给学生造成太大的心理波动，影响他们的学习。所以，校长要求我们不要把要离开的消息告诉学生，我们也都应校长的要求守口如瓶，特别是高中部的六个实习老师，他们都是没有向学生们告别就离开了。即便是这样，在我们离开的那天，还是有学生在下课的时候来向我们告别，甚至有学生说请假不上课要来送我们。当然，都被我们叫回去上课了，这引发了我的思考，这样的现象，是好？还是不好？

或许这不能简单地用好或不好来形容，每件事情都有它的两面性。从一方面来看，这说明老师和学生的感情很好。毕竟在一起学习生活了三个多月，师生间已经建立了深厚的感情，但如何利用这份感情帮助他们，却需要一定的技巧，比如对他们进行感恩教育。在最后一个星期，实习的老师们大都把课还给他们的原科任老师，实习老师跟班听课。在一节课快结束的时候，科任老师对学生说：“实习老师为我们上了三个多月的课，老师备课上课都是经过精心准备的，也都很辛苦，我们要学会感恩，现在让我们对老师表示感谢。”然后，让学生起立向实习老师说“谢谢老师”，我觉得这是个不错的主意！

在快要离开的时候，校长的一句话让我感触很深，他说：“你们一点也不重要！”是的，离了谁地球还是照样转，不要把自己看得太重了。我们也不过是孩子们生命中的过客而已，把该做的事情做好，这样就好了！

# 风雨过后的感动

政史系20081712　潘　纯

记得在离支教生涯结束还有三十个工作日的时候，跟一个同伴聊天，他说，离别的时候他会哭的，因为他舍不得四个学生，他不甘心离开。听到这句话，我心里一震，头脑里竟然连一个学生的名字都没有。难道我没有付出，难道我不够努力，难道我每天的忙碌到头来还是一场空？这个问题我思考了很久，因为我确实没有和哪个学生有亲密的接触也自认为我没对任何一个学生有影响。离别的时候，我能哭吗，有什么理由？

后来没多久，就发生了一件很“恐怖”的事情。从此，让我头脑里刻下了一个学生的名字。

那天，我们刚好正在学习《3.3　男生女生》的内容。下午第二节刚上课不久，还在进行课前抽查背诵，我就看见第一组第二张桌子的敏伸手抓前桌浩的衣服。一看这种情形就知道两个人又在打闹。于是我借机提问两个人背书，怎知道他俩都背不出来！下课只好让他们一起到办公室。

可是两个人到了办公室还是一副嬉皮笑脸的样子，我想抓住机会好好教育一下他们。对应课本里的知识点：提倡男生应该尊重和爱护女生，不应利用自己先天体质优势欺负女生，我首先批评浩说：“不管女生如何骂你、打你，男生也不可以随便动手动脚，男士要有绅士风度。”过后我也说了敏不可以随便骂人打人。后来，敏承认了错误，就让她先走。可当我问浩知不知道自己错在哪里的时候，他就开始摇头不说话了。之后，无论我说什么他都没有再开口。他一边东张西望，似乎在寻找什么东西，一边把按在桌子上的手握成拳头。

我开始慌乱了！他就愣在那里，倔着不走，我更乱了！于是我又跟他解释，如果对他上课说话、打闹不管不顾，那是真正的不理他、不喜欢他。我问他我说的话有没有道理，可他仍然摇头。后来，我告诉他如果想通了就可以回去了，如果觉得心里还有什么委屈就告诉我。这个时候我感觉他眼眶已经红了。终于，原班主任看我们僵持着就想帮忙调和。最后还拉着他到外边走廊上讲了好久，而浩始终没有再开口，只是哭，还不断地用手捶打栏杆。

看到这样的情景，我顿时懵了，不知道究竟哪里出了错。班主任跟我说没事的，可是我很揪心、害怕，怕他做傻事，回宿舍的路上我一直很担心！

第二天，我怀着忐忑不安的心情到办公室。从楼梯口到办公室，浩绕了一圈和我碰了两次面，我没有感觉到“敌意”，而是感觉到一种“故意”；早读的时候他在教室门口似笑非笑地对我说了一句“路过”，我的心，一下就像放下了铅石一样轻松起来。因为这就是正常的浩，有一堆很有个性的口头禅。

可在下午当我看到给同学们留言的本子的时候，我的心又一次被抓紧了！他在留言本上写了：“我恨你，恨全校的老师。”“老师，为什么男生要尊重女生，难道要做到打不还手、骂不还口？”看到这两个留言的时候，看见他这些歪歪斜斜的字的时候，我知道他心里有委屈，我必须找他谈谈。

所以，在接下来的时间里，一有机会我就找他聊天。刚开始他还是保持沉默，而我也没有从一开始就提到上一次的事情，而是先是跟他聊一些家常，还谈到他的礼貌、友好和热情。虽然开始几次他都沉默不语，但我相信只要我真心地对待他，他肯定就会有打开心扉的一天。终于说到上一次是不是有一些事是我不知道的，问他是不是很委屈的时候，他点头哭了。这个时候我感觉有种“又一村”的光明，觉得终于找到突破口了。他哭着告诉我，是敏先动手的，可是老师却把错误怪在他身上。他之所以恨老师，是因为自己成绩不好，妈妈总偏爱弟弟，给他太多的压力，而自己总是学不好，所以他恨上学、恨学校、恨全校的老师。

一个14岁的小男孩，心里却藏着这样重的心事。

待到他心里的苦倾诉完、心情平静些后，我对他说：“浩，首先老师要跟你说对不起，上一次的事情是老师没有了解清楚就乱下结论，结果错怪了你；可是我想你知道，我并不是故意针对你、总要找你的麻烦，我是认为浩可爱，又有礼貌，喜欢你才会这样的重视你，如果我不喜欢浩，认为浩是个坏学生，甚至无药可救的话，那你觉得老师还会对你这么在乎吗？所以，不要放弃自己，好吗？”

最后，他答应我要下决心搞好学习，而我也答应了在剩下的时间里帮助他复习功课，最主要的是他的弱项数学。

在接下来的日子里，他遇到我总是笑眯眯地冲着我笑，没有任何语言，我却为他这种开心的笑而感动；每当我在教室里要发脾气的时候，他总会笑着对我说一句话：“别冲动，冲动是魔鬼。”

就在补习了二十天左右、支教活动快结束的前两个晚上，我从科任老师那里看到他的进步，从以前的十几分提高到现在已经及格的分数。我想，这就是他送给我最好的回报、最美的感动！

离别以后，他发信息跟我说要好好照顾自己，说他会好好努力，不辜负我对他的期望。回想起这件事，带给我的感动和自豪多过于当初的恐惧和不安。看到他那些窝心的话语，我的心中升起一股暖流。我明白，感情这东西是互动的，有付出才会有收获。当你用自己的一份真心去播种，用自己的一份耐心去浇灌，可能这途中会有狂风暴雨，但是，请相信，终有一天我们会收获一份风雨过后的美丽感动！

# 后进生更需要教师的关爱

政法系20081712　朱冬芳

文祠中学属于山区学校，那里的学生总体素质和市区的学生是无法相提并论的，由于他们出生在农村，文化素质相对比较低，但是身上却具有城市孩子所不具备的纯朴、自然。据我观察，班里的学生大概分为三种：第一种是想考重点高中的，学习很努力很刻苦，是大多数老师手心里的“宝”；第二种是有想读书的愿望，可是由于基础差，成绩老是跟不上，从而产生自卑心理，认为自己不如别人，再怎么努力也赶不上人家，于是得过且过的；第三种是完全不想读书的，他们在学校待着混日子，或是被父母逼着来校读书的。所以，每个班都会出现“两极分化”的现象，要么是成绩很好的，要么是成绩很差的。而我一开始便比较关注成绩好的学生，他们由于成绩的优秀很快就吸引了我的注意力，但到后来我却跟成绩居中下游的学生走得越来越近……

前两周我的主要任务是听课，我坐在教室后排，听了几节课后，我发现第三组最后一排的两个男生杭和峰上课总是在睡觉，基本上没怎么听。一天早上，我看到他们早早来到教室，于是走过去跟他们聊天，问他们为什么上课总是在睡觉，他们说听不懂就睡呗！我说连思想品德这么简单的课你们也听不懂吗？不是你们听不懂而是你们根本没有用心听！他们还是继续跟我辩解，说自己的基础实在太差了，跟不上……我不想再听下去，于是跟他们说以后上课不许再睡觉，能听懂多少就多少，并要求他们做好课堂笔记。

有一天早上我去巡早读，意外地发现杭和峰拿出思想品德的《探究导学》来做，虽然是抄的，但他们俩的学习态度还是不错的，值得肯定！看到他们的进步我感到很高兴，我对他们有信心。那天上课他们也没再睡觉了，并且拿起笔来在书上做笔记，我感到很欣慰！下午的预备课，我交代了一些事情后，在全班同学面前表扬了杭和峰，顿时，班上响起了雷鸣般的掌声，我看到了他们脸上的笑容，因为这是全班同学对他们的肯定、鼓励和支持！

由于我是住在学校的，所以平时跟学生接触的时间相对比较多，我利用这些时间对那些成绩居下游的学生进行课外的辅导，从最简单的教起，比如英语的字母、音标，让他们感受到温暖，让他们认识到其实自己并不差，帮助他们树立自信心，并逐渐培养他们的学习兴趣。慢慢地我发现，只要耐心给他们讲，他们真的会用心去记。像我教杭全等三角形的判定方法，一共有5种，其实原理并不难理解，关键是教他怎么运用这些原理，他听得很认真，我让他自己做几道题试试看，他居然都会了，我无比激动！这些学生的每一点点进步都让我觉得很开心！单元考试的试卷发下来了，杭很开心地跟我说他考了39分，分数虽然不是很高，但对他来说已经很不错了，而且后面的大题也做对了一些，这是他努力的结果，我为他的进步感到很开心！

其实，每一个学生都是一块璞玉，作为老师，应该努力地去雕琢，使它永久地焕发光彩！每个学生都渴望得到老师的关爱，都喜欢得到老师的肯定和表扬，我相信，老师的肯定和表扬会给他们带来更大的前进动力！

第六周的主题班会是去多媒体教室观看邹越教授的演讲视频——《让生命充满爱》。同学们都看得很认真，我特别观察了杭和峰，发现他们不像平时那样总是喜欢开小差，他们听得很入神。当看到感人的部分时，我看到他们都流眼泪了，特别是爱老师那一部分，从他们的神情中可以看出演讲内容对他们心灵的触动……当主题班会结束后，杭走过来跟我道别，我发现这孩子长大了不少……

我觉得，热爱一个学生就等于塑造一个学生，而厌弃一个学生无异于毁掉一个学生。热爱学生，不仅要爱好学生，更要爱有缺点、有问题的落后学生，正因其成绩较差，问题较多，所以需要我们付出更多的时间、精力和爱心。俗话说："罗马不是一天建成的。"学生的转变也是如此，教师不仅要有爱心，还要有"滴水穿石"的恒心！

# 教育是慢的艺术

中文系 20081011 刘秋凤

将近四个月的支教生活结束了，在全班学生的泪水和真诚祝福中，我也流着泪离开生活了几个月的新圩中学，留下了满满的回忆和牵挂。是的，我们都舍不得，因为我们都曾在这个地方用心生活过，用心爱过。

在新圩中学我接手的 702 班真不是一个让人省心的班级，全班 19 位男生，只有两位男生在用心读书，其余的不仅不读书，而且总是破坏课堂纪律，非搞得全班不能读书才罢休。无心向学已让我费尽心思，再加上破坏纪律，真让我心力交瘁。我每天大部分的时间都在忙于对他们进行苦口婆心的教导。

给我印象最深刻的是一个叫凯的学生，他本来是 701 班的学生，后来由于 701 班学生较多，就把他转到我们班。当得知这个消息之后，我惊愕了许久，真是头疼啊，因为前一天在开学典礼上我就见识到他的“厉害”了，他完全不受管制。

果然，到了我们班，他依然是我行我素。在必要时我对其进行了严厉警告，但是过后警告马上就无效了。我知道这种方式对他没用，就走到他的座位旁边跟他聊一些其他的事情，问问他家里的情况。我一般不怀疑学生的回答，即使他的回答让人不可思议，因为什么情况都是有可能的，而且我也不相信学生会欺骗一位和颜悦色地跟他交流的老师。结果他真的说了很多假话，当然这些我是后来才知道的。在跟他交流的过程中，我了解到他的确有不想读书的念头，他认为读书没有什么用，他的叔叔、阿姨没读什么书照样赚大钱。我知道对于一个初中生来说，他还没办法很深入地看问题，看到一些表面现象就认为是真理。于是我从一些简单的问题开始和他谈，慢慢地往正确的方向开导他，说一些道理给他听。他一直在微笑着点头，我知道当时他根本就没有听进去，而只是在敷衍我。

我知道要在短时间内改变他的想法是不可能的，他需要慢慢地引导，正如一位教育家说的，教育是一种慢的艺术。几周后，他终于坚持不了学校的生活了，开始逃课，后来他索性不来学校了。他父母也拿他没办法，就任由他到外面去漂泊。

几周后，他又出现在我的眼前，按照学校的规定，他应该被责令退学，因为旷课上百节了。我想他既然回来了，应该是有所改变才回来的，我就给他这个机会。但是，由于学校桌椅比较欠缺，他走后那么久，桌椅早已被其他班的同学利用了。我没有轻易就给他找来桌椅，而是问他是否真的做好了回来学习的准备，如果还是三天打鱼两天晒网的话，我是不会给他找桌椅的。他非常坚定地告诉我他要认真读书。

他前几天的表现还不错，就算没认真听课，也不会违反课堂纪律。渐渐地，他又开始回到了从前。我立即找他谈话，告诉他："我知道你现在要学习起来比较困难，但是现在把每一天都把握好，一点一点地进步，一段时间后回过头来你就会发现自己进步是非常大的。"听完我的话，他和以前一样，只是微笑着点头，简单地回答"是"。他很聪明，摸清了老师的底细，不会使用暴力，所以不管有没有听进去，他都是一副认真认错的态度。从他走出办公室向同学们炫耀的表情可以看出，他正在以老师拿他没办法而洋洋自得呢。

是的，我知道我的话对他还没有起到作用，我当时心里确实很不爽，但是我没有放弃，没有失去耐心和信心，我相信人是有感情的，我对他的关爱他是能感受得到的，将来总有一天他会醒悟的。在接下来的几个星期里，我依然是以谈话的方式开导他，我知道他很不耐烦，但是，我依然坚持着跟他交谈。我知道对待所谓的"问题学生"不能用"硬"的方式，不要害怕他们没听，他们是听得进去的，只是一时间他们还没办法完全改变自己，因为他们很爱面子。

皇天不负有心人，我的努力和坚持没有白费，在我快要离开学校的前几天，他像变了一个人似的，上课不再随便换位置，不再和周围的同学说话，而是非常认真地听我讲课。我确实感觉到了他的改变，之后我收到他写的一封信也证实他确实改变了。他说："老师，我后悔了，谢谢你一直都没有放弃我，当我自己都要放弃自己的时候，你一直都在鼓励我，我经常故意气你，你都没有生我的气，你真的很善良，我现在要好好读书……"看着这封字迹潦草的信，我的眼泪不由自主地流了下来，我由衷地感到欣慰，感到所有的努力，所有的辛苦都值了。

在我离开的那天，他号召全班的同学为老师开个欢送会。以前一直被其他老师认为是一盘散沙的702班，此刻是那么团结，是那么有凝聚力，是那么令人感动。男儿有泪不轻弹，但我知道他悄悄地流过眼泪。刚好周五下午是全校大扫除，我们班在他的带领下以最快的速度最高的效率完成了任务。是的，那一天我看到了他的转变。我和他作了最后的一次交流，我告诉他，很高兴看见你的转变和成长，你是有号召力和影响力的，你看今天同学们在你的带领下，表现得多么棒，你的潜力非常大，要好好地挖掘出来，不能埋没了。我一直鼓励他接下来要坚持下去，很遗憾的是我没有办法在接下来的时间陪着他一起成长。

教育真的是一种慢的艺术，我们不能急功近利。作为一位年轻教师，或许我们没有一眼洞察学生心理的能力，或许我们不会能言善辩，又或许我们没有华丽动人的辞藻，但是，只要我们拥有一颗爱心，用我们的真诚、耐心去关注每一位同学，他们终究能够感受到我们的真心。教育的道路，只有用爱才能走得通，走得远。

# 萍的转变，让我践行了“热爱学生”的理念

外语系 20081416　赖裕燕

在将近四个月的支教实习中，我的感触真的很多。每个学生都是活生生的人物，性格和家庭背景各异，老师做起工作来真的很不容易。现在我终于知道当初我们那些老师的难处了。

热爱学生，就要帮助他们成长，除了帮助他们找到自身的闪光点外，还要以发现的眼光帮助他们认识到自己的不足。

我们班的萍上课总有着满腔的热情，但学习方法不恰当，学习成绩始终处于中等水平，并且她比较容易骄傲，不注重细节，对别人的忠言总是不以为然，取得一点儿成绩就觉得自己很了不起。她偏科严重，每次考数学都只有三四十分，平时也比较贪玩。可是值得欣慰的是她不仅对学习有满腔热情，而且她身上还有着别人没有的自信。

面对这种情况，我决定先让她充分发挥自己的那一份自信心，推荐她代表我们班参加“感恩·励志”的演讲比赛。比赛前的一周时间里，我经常找她到办公室一起修改演讲稿，陪她背演讲稿，纠正她的一些普通话发音问题。开始的时候她总是心不在焉，背几段话就很不耐烦，我矫正她的一些发音时她总是不以为然，或者经常忘词。面对她这种态度，为了给她一个正面教育，也为了增强趣味性，我就跟她商量我们一起来比赛，看谁最先把稿子背下来。这个法子很快就奏效，在剩下的几天里看到她那认真劲儿，我真的感动了。

后来，在比赛中萍的表现很好，特别是她的气场，别人可是望尘莫及，她也对自己的表现很满意，但她的一些发音影响了最终的成绩，与第一名选手相差些许，只拿到二等奖。萍很难过，不想接受这个事实。但这个结果我早已预料到了，因为平时帮她矫正发音时，她总不以为然，只是随便应付，到了台上更是把我的叮嘱忘得一干二净。看到她不开心的样子，我也不知道该怎样安慰她。

第二天早上我把萍叫到办公室跟她聊天。开始我只是祝贺她在比赛中拿到二等奖，这时她露出了害羞的神情，然后我问她对于这个结果满不满意。她自

己也承认这不是她想要的结果，她说她原本可以拿一等奖的，没想到只是二等奖。我问她，你知道为什么你原来可以取得更好的成绩但在台上却没能正常发挥，与冠军失之交臂吗？她说不知道，然后又说是评委不够公平。原来这个孩子是这样想的呀！不行，我得好好纠正她这种想法，帮助她找到失败的真正原因。我说那好，你说说珠的表现如何。萍想了想说，珠把稿子背得很熟，普通话说得很好，可是声音太小。我说，是的，那你自己呢？她沉思了一会儿，说她的声音够洪亮，感情动作也很到位，但是普通话有些发音不好，并且中间有点儿忘词了。看来萍的悟性很好，接下来就是我要帮助她分析一下其中的原因了。我首先肯定了她的努力和成绩，特别是她的自信心不仅打动了我，而且打动了其他老师，得到我的肯定后，她不好意思地笑了笑。然后我指出她存在的问题，让她明白是自己的骄傲和不屑态度导致这次比赛没能获得一等奖。听着听着她的脸渐渐地红了，头也不自觉地低了下来。最后她抬起头诚恳地对我说："老师，我知道错了，都怪我自己，我不应该这样。我以后一定会改的，不会再让您失望的。"这次谈话达到了目的，但教育不是一两天就能见效的，还得继续跟踪观察。

接下来的几天，萍的态度有了明显的改善，表现得没有以前那么骄傲了。打铁要趁热，后来我还找她谈过几次，每次都鼓励她，渐渐地，她开始信任我了，谈心也越来越轻松了。我还跟她讨论了一些学习方法，让她明白学习要讲究方法，要善于发现问题、解决问题。接下来的日子萍来办公室问问题逐渐频繁，也经常和同学交流学习方法，成绩也慢慢地有所提高。

每个学生都是可塑的，只要老师真心对学生付出关心和爱，他们是可以感受得到的。你对他们好，希望他们好，他们也会知道的，并且我们还会收到意想不到的结果呢。

# 农村的孩子，农村的教师，实习留给我太多的思考

教育系20081912　林吉芬

大家都叫他红毛，我刚开始不知道为什么，后来他才跟我说，原来他读小学的时候，头发留得很长并且染成红色，所以大家就叫他红毛。他还说他的头发是来中学报名的时候，中学的老师要求一定要把头发剪掉染黑才能让他报名，之后他才变成现在这个样子的。当时我很好奇，为什么小学的老师没有叫他把头发染黑剪短呢？而他，只是笑而不语。

我并不是在开学第一天的时候就认识他的。开学第二天安排座位的时候，坐在从门口往里面数第四组最后一张桌子的他，开口跟我说："老师，我近视，我要坐第三组的最后一张桌子。""坐在那里不是更远吗？(第三组比第四组多了一张桌子)""那比较靠中间嘛！"就这样，我答应了他，让他换了位置。

开学第二周，中学的第一节美术课，红毛跟他的同桌因为上课违反纪律被老师叫到办公室罚站了。可是调皮的他们以为中学跟小学一样，可以为所欲为，所以他们两个并没有听老师的话到办公室罚站，而是偷偷地想要跑出校门，却被学校的领导碰见了，要班主任去领回来。他们两个人到了办公室，这是我来文祠中学碰到的第一例学生违反课堂纪律的情况，我迫不及待地、充满信心地想要教育他们。经了解，才知道原来他们是因为上课时，两个人不小心碰了一下头而大笑被老师叫出来的。我跟他们说："你们笑一下就好，不可以笑那么大声，而且老师叫你们来办公室罚站，就一定要来，不可以私自跑出学校，这是违反学校有关规定的，一定要记住。"他们两人都点头了，那时候我对我的班主任工作的第一次教育学生很有成就感。跟他们聊了一会儿，就等着美术老师自己来教育他们了，毕竟是美术老师抓的。可是到放学后，美术老师问他们是否以后上课可以不违反纪律时，红毛回答了一句："可能吧！"让我匪夷所思。美术老师哪肯让他说"可能吧"这么含糊的保证呢，所以要求他们如果不能做更好的保证以后就不要上美术课了，更让我意想不到的是他们两

个人竟然欣然答应了。

当天下午，702 班第一节上地理课，我坐在办公室，不知是谁说了句："二班门口站了两个人哦!"我出去一看，又是红毛跟他的同桌。下课后原班主任找他们来，询问情况，他们说是迟到了老师不让进，至于为什么迟到呢，他们说是从哪里跑到哪里，又到了哪里的水池洗澡，然后再来上学。原班主任觉得他们是编谎话（因为他是本地人，知道两地相差很远，两个小时不可能来回还洗澡）而且又做了在水池洗澡这么危险的事，一气之下拿起鸡毛掸子就往红毛同桌的大腿上抽了一下，没想到他二话不说，跑到班里收拾书包就走人。这个行为让我傻了眼，因为我也是做过初中生的，我们那个时候被老师怎么打，都不可能收拾东西头也不回地就走的。我跟着他到教室门口，看着他走了。没有上去追，老师阻止我上去追。接着我看到红毛也回到班里，他也拿起书包就要走人了，我拉着他的手，不让他走，因为我知道走了事情就更难解决了。但是碍于站在一班门口，投来了太多好奇的眼光，我不得不放手，让他走。就这样，两个人在开学的第二个星期，由于被老师惩罚了一下，就收拾东西走人了。这个情况让我大开眼界，我从没想象过会有这种情况，也没想象过现在的学生竟是这样。

当然，事情并不可能这么简单地解决，学校通知家长到学校协助教育。

第二天，他们的妈妈都来了，但是看到他们对妈妈的态度，我突然想起了自己初中的时候，我也是这样在公众场合不给妈妈留一点颜面，她说的话我要是觉得不爽我也顶嘴。当我看到他们的妈妈在众多老师面前被自己的儿子公然顶撞时所闪烁着的无助的眼神时，我觉得眼前的这两个孩子仿佛就是初中时的我。此时我面红耳赤，既为自己的曾经感到羞愧，又为他们不尊重母亲感到愤怒。我决定跟他们好好聊聊。我告诉他们自己初中的时候也曾经这样对待过自己的母亲，但是现在我很后悔，因为现在如果想念妈妈也只能通过电话来传递这种想念。我说要珍惜现在跟爸爸妈妈在一起的日子，以后长大了出去读书或者工作了，就没有机会天天跟爸爸妈妈待在一起了。我也告诉他们人都会犯错，但最大的错误就是一错再错，他们都似懂非懂地点点头。

显然，对红毛的教育并不是那么简单的，如果说一个从小被父母惯坏宠坏、调皮捣蛋的学生能够被我这么一说就变好的话，那才真神了。

发生在他身上另外一件让我大开眼界的事，就是在开学的一个多月后，他竟然跟英语老师发生冲突，还骂老师，差点动手打架。最后在级长的处理下，英语老师同意他写检讨书，在全班同学面前检讨。他有点不情愿，但是我们还是让他答应了。因为刚好我们班上的是体育课，所以这节课，我和另外一个实习老师跟红毛，三个人待在教室里一同写检讨书。他很孩子气地跟我们说：

“我不想在全班同学面前检讨，我只写检讨书，要是在全班面前检讨，那我以后都没法做人。”我告诉他：“犯了错，就必须改，而且今天的事情，是你自己闹大的，首先你上课违反纪律就是你的不对，其次你还辱骂老师。你犯了这两个错误就必须受到惩罚，而事情最好的解决办法就是写好检讨书，拿给老师过目后明天在全班同学面前做检讨，反正你有胆子跟老师这样闹，就说明你要出风头的，那站在讲台上检讨，也可以出风头，也可以让全班的学生认识你，知道你红毛这个人啊！”他依然不从，心里还在打着要如何才能不上讲台检讨的算盘，但我知道不检讨是不可能的。“好了，你要是还知道害羞，我跟你保证，班里的学生不会笑你的，你就大胆地上去检讨吧，犯了错误就必须改！”他终于答应了，在当天下午做完眼保健操的时候，我跟全班的同学说：“同学们，今天我们班有一个同学跟英语老师发生了冲突，英语老师要求他必须在明天的英语课上在全班面前检讨，我希望到时候同学们不要笑他，大家鼓掌鼓励他，毕竟他犯了错知道做检讨，我们就必须给他机会，你们说，好不好？”当时全班大部分同学都很大声地回答好，对于班里那几个特别喜欢笑又笑得很大声的学生我还找他们沟通了一下，希望他们到时候不要笑。第二天，上英语课的时候，虽然有一个学生还是笑了，但听他们说，鼓掌声淹没了他的笑声。事情就这样解决了。

后来我听英语老师说，他上课再也不敢那么放肆了。

虽然他并没有在我的教育下变成一个喜欢读书的好学生，但是，他每次要请假的时候都会打电话给我，而且在我没有接的时候还打了很多遍，甚至发信息；他也会跟我说他跟哪些人发生了矛盾，他还会跟我说，他爸爸脾气很不好，从来不管教他，如果心情不好回家就骂他打他，从小都是妈妈在教育他的，但是他不怕妈妈。

我们离开的那天早上，在跟他的交谈中我能感觉到他对我的不舍。当时我觉得很欣慰，我写了一封信给他，我告诉他，不管能不能读好书，我都希望他能够在中学好好地待三年，而且说话做事都要注意方式。

今天，回韩师已经半个多月了，我看到他 QQ 在线的时候，我问他：“你想我吗？”他说：“想。”我说：“希望你能好好的。”他说：“嗯！”

此时，我觉得作为老师，我这样做可能是不妥的，但是作为他的一个朋友，或许我已经给他留下点什么东西了吧！

支教实习结束了，红毛的事反映了农村教育的现状。如何教育或转变农村学校的后进生？如何提高农村学校教师的素质？如何改变教育方法……红毛的事给我留下了太多的思考。

# 痛苦的独角戏

外语系 20081412　杨丽洪

初次到 202 班听课，我就被震到了。趴在桌子上的学生一大片，老师提问，学生要么不答，要么答得很小声，读课文时断断续续，一个单词一个单词慢慢地读。整节课大部分时间都鸦雀无声，只有陈老师在讲台上面讲。每次陈老师上完 202 班的课心情都会很低落。后来我给 202 班上课也感同身受。我满怀激情地走上那三尺讲台，随着时间的推移热情，渐渐冷却，45 分钟后，情绪低落到了极点。我第一次强烈感受到学生对老师的影响之大！好在 203 班的学生很活跃，让我走出心情低谷。所以刚开始时我常跟陈老师说："我们每天就是先去 202 班受打击，然后去 203 班寻求安慰。"陈老师也很赞同，同时对 202 班学生的这种课堂氛围很是烦恼。202 班有 63 个学生，但上课认真学习英语的却没几个。我和陈老师达成的共同意见就是保住那几个好的，也就是那几个考试能及格的。

为了改变 202 班的学习现状，我尝试着改革课堂教学，课堂上大部分都用到了图片教学法。用图片有个很好的作用就是，视觉的触动使学生更容易吸收知识，课堂氛围也得以活跃起来。渐渐地，202 班的学生不再那么沉默了，越来越多的学生会回应我。更让我和陈老师开心的是看到一个学生的明显变化。该学生初一英语没学好，初二开始被陈老师要求其每周至少把《典中典》交给她批改两次。该学生坚持下来了。虽然期中考前测评总是不及格，但期中考试及格了，并且期中考试后的几次测试都及格，有一次还考了 83 分，全班第一。真的很开心能见到他爱上英语，我相信他已经感受到了学英语的乐趣。课堂上他会积极地回答问题，我也会多叫他起来"表现"。不知不觉中，我与 202 班的默契渐入佳境。

有学生在给我的留言本上写道："你是一个 very cute and interesting 的人，上你的课很轻松。你有点小幽默，偶尔会 speak 出一些搞笑的话来，上你的课 feel 不错哦！"一直都不觉得自己是个幽默的人，看到这个留言我也回想了一些让学生笑的场景：

说到形容词修饰名词要放在名词前面时，我指着班里一女生问，“某某是个美丽的女孩”该怎么说？结果很多学生起哄。有个调皮的学生大声说“美女”，被我叫起来翻译，其他同学笑了。翻译完我故意嫌他说得不够大声，问其他同学：“太小声了，大家要不要他再说一遍？”大家又笑了，齐声说：“要!”

有一次解析 borrow sth. from sb.（借入）和 lend sth. to sb. 以及 lend sb. sth.（借出），我说：“比如，我向金（班里一男生）借了 10 块钱，该怎么说？”金马上说：“木有钱。”班里都笑开了。当然，结果是，大家笑着把句子分别用 borrow 和 lend 短语翻译出来。

某日教学任务不多，我跟学生说：“我突然想起以前有位化学老师说过：‘女生手拉手是一个故事，男生手拉手是一个事故。’”大家一下子把眼光投向我这边，说：“啊?”我见大家没反应过来，便又说了一遍，然后问：“大家应该经常在大街上看到女生手拉手，很亲密吧?”大家都点头称是。“那大家有见过男生手拉手逛街的吗?”同学们恍然大悟，都笑着答：“没有。”有学生大声说：“那是 GAY!”更有两同桌男生手拉手当场做示范。我笑着说：“这两位就正在制造事故!”大家又哄堂大笑。“女生手拉手是一个故事，男生手拉手是一个事故”还成了学生的课余话题了。

上 Unit 6“I'm more outgoing than my sister”的时候，除了生动形象的图片吸引学生的注意力外，简笔画也很好。第一课时在让学生进行“pairwork”时，我是直接把课本图片中的双胞胎用简笔画呈现在黑板上，然后让他们根据我给的单词造比较级句子。这些简笔画可把学生逗乐了。复习时，我画了大小两个苹果，并在旁边做标注，小的 3kg，大的 30kg。课堂一下子沸腾起来。见过大苹果，没见过这么重的。可见，偶尔夸张是必需的。

想想这些，好像要让课堂轻松点也不会太难。课堂举例不求“雅”，但求贴近学生生活。偶尔跟学生分享自己的所见所闻也能把学生的注意力集中起来，还有利于培养师生感情。当然，这些所见所闻必须是有趣的。

3 个多月的时间不长，但 202 班的变化让我深感安慰。我切身体验到：我们一起成长了。还有就是，教师在课堂上切忌唱独角戏，那样的话学生跟老师都痛苦。教师要学会演戏，但当演员的同时还要当导演，要把学生也带入戏中，而不是自己演独角戏。课堂不仅仅是老师在台上表演，而是学生和老师的一种互动，一种知识的碰撞。

# 我的教育故事

外语系 20081411　黄晓霞

经过顶岗支教的生活体验，我慢慢地实现了从学生向老师的转变，自己的想法、处事方式也在逐渐成熟。

## 故事一：百花齐放 & 一枝独秀

有一次早读课上，702 班的洁和辉（一男一女）突然吵起来了，我和班主任马上到教室里查看情况，把这两个学生叫到办公室后分开教育。我向洁了解吵架原因，她说受不了辉太邋遢，不讲卫生，还经常讲脏话。据我平时对辉的了解，确实存在洁所说的情况，可能因为辉的心理年龄还比较小，在处理事情上还是很小孩子气。于是我问洁："现在给你做一道选择题，直接告诉我你的答案。"她愣了一下，说："好。""在一个花园里，你希望一枝独秀还是百花齐放呢?"她没吱声。我接着说："你的沉默给了我答案，你也喜欢百花齐放，对吧？其实，同样的，在一个班级里，有些同学比较乖巧、听话，也有些同学比较调皮、好动，不是每个人都是完美的，所以我们要试着去接受一些同学的不足，我们也要给他们时间，让他们改掉身上的坏毛病、坏习惯，对吧？你们现在这个年龄，有些同学思想比较成熟，但有些同学的想法还处在小学生阶段，我们也要给他们空间让他们成长，对他们目前的一些小毛病我们就用宽容的心态来看待，好吗?"洁听了点点头，她同意我的看法。

接着，我就做辉的思想工作。我问道："同学说的这些情况是不是真的?""是的。""这些习惯让同学不满，你觉得这些习惯好不好呢?""不太好。""既然不太好，那我们一起想办法改掉，好不好?"辉因为被同学指出自己的小毛病也开始哭鼻子。说到这里，他抬起红红的眼睛说："好。"接着，我告诉他应该怎么做才能改变自己的不良习惯。后来，到教室里，看着他们和谐相处，我自己也放心了。

感悟：不同学生的性格不同，教师不能用同一种方式去教育每个学生，而应该“因材施教”，针对学生的性格进行教育才能事半功倍，通过一些适当的例子给他们讲解也让他们更容易接受。

## 故事二：我想有个家

期中考前的一天，校长突然把我和班主任叫到办公室，问起702班柳的情况。印象中，这个学生各方面的表现都很不错，我心里担心，难道是她家里出了状况。校长告诉我们，最近她父母在闹离婚，妈妈和两个女儿搬了出去，妈妈还不让女儿叫爸爸。她爸爸找到校长，希望学校能够做做他女儿的思想工作。

出了校长室，我便开始担心柳家里的事会影响到她的学习，于是在一天放学后让她留下来跟她聊一聊。通过平时的接触，柳属于外向型性格，所以我选择开门见山的方式跟她聊。她哭着跟我说，她亲眼见到父亲老是打母亲，可父亲还辩解说没有。我对她说：“生活中有些事情我们是无法选择的，比如说父母，无论父母是好还是不好，我们只有接受。当父母之间出现了问题，作为女儿，我们尽力劝解，如果没有办法，我们也只有接受，但是他们始终是你的父母，这种血缘关系是无法否认的。如果你爸爸真的如你所说，你和妹妹更应该好好照顾妈妈，好好读书，帮妈妈做些力所能及的事，不让妈妈失望，做一个令妈妈骄傲的女儿。”听完我的话，柳点点头，我静静地抱着她，让她把委屈都释放出来。后来，期中考试她考得不错，没有因为家里的事情影响她的发挥。

娟的情况与柳相似，之前听说她妈妈在她读小学三年级时就离开了家，再也没回来过。一次作文课上，老师要求大家写写母爱，但娟哭了，同桌对老师说：“老师，她没有妈妈，怎么写呀？”后来，语文老师找到我，希望我安慰一下她，于是，我把她带出了教室，找到一个无人的角落，跟她聊了起来。这次我没有直奔主题，而是告诉她：“有些事情我们无法选择，所以只有接受，有时候你觉得目前这个阶段你无法承受，那就先放在一边，等过段时间再尝试着接受，或许那时你就可以做到了。学着去面对那些你觉得自己无法承受的事情，这样你就又成长了。在我眼里，你一直是个可爱的小女孩，每次看到你的笑脸都让我觉得生活很美好，所以你要继续保持给别人美好的感觉。”等到她情绪稳定了一些，我告诉她，如果今天没有心情写，那就等状态好的时候再写。她点点头，答应了。我虽然没有提到她妈妈，但是从她的反应中我知道她听懂了我的话。那天下午，她写了一张纸条给我，纸条上写着：老师，谢谢你，我一直跟别人说不想妈妈，其实我很想妈妈的，今天你让我很感动。我知道她想通了，也长大了。

感悟：对于这些十三四岁的孩子来说，让他们面对家庭暴力、父母离异或者单亲这种现实，真的很残忍，这些孩子也让人很心疼。我们只有放下老师的架子，真正地走进他们心里，他们才愿意敞开心扉，把这些不良情绪释放出来，这样，他们才能真正健康成长。

# 温暖与感动

物电系 20081211　刘淑孝

在那段日子里，很多以前不曾有过的感觉围绕着我。以学生的身份活动在学校里已经十几年了，直到在实习中换了角色后我才明白“老师”两字的真正含义，才懂得什么是学校。作为实习生，我们活动在指导老师、同学和学生之间，也发生了许多令人感动的事。

## 来自老师的温暖

我来到文祠中学的第二天就见到了我的指导老师。那天，我在会议室等待主任宣布我的指导老师时，心里还有点紧张。会议结束后，我开始接触我的指导老师，让我惊讶的是，我的科任指导老师（成老师）和班主任指导老师（詹老师）是两位非常年轻的女老师。班主任看起来很瘦，很文雅，但显得很精神，对我很亲切。科任老师性格活泼开朗，我看她时，她脸上充满了笑容，看见她，我的紧张顿时融化在她的笑容中。

在实习的三个多月时间里，这两个老师给了我很多的帮助，很多时候她们都将我当做朋友一样地对待。每次下一节课要讲的内容成老师都会用商量的口吻告诉我，耐心地给我讲她的安排是为了起到什么效果，有什么作用等。这些都使我明白了老师所准备的并非是课堂上所讲的那么一点内容，在备课的过程中，老师想到的是学生的知识结构，想到的是如何使他们更好地接受一些知识点。成老师热情的指导让我懂得了什么叫做“教学”。

在我上第一堂课时，我双手紧捏课本，站在窗外等待铃声响起，在我们实习生上课时，指导老师一般都会听课。我满怀信心地走进了教室，开始了人生中的第一堂课。在我所上的课中，成老师每节课都认真地听着，指出我的缺点和进步的地方，一路上带着我前进。

詹老师除了在班主任工作上给了我很多指点之外，还教我怎样和学生相处，怎样处理学生之间的关系，搞好班风等等，这些使我明白了如何当好一个班主任，也使我心里多了份对实习点的依恋。

## 来自学生的感动

冬日如约而至，在我听课期间，每次都要搬凳子进教室。在那样的时刻，总有学生主动地帮我将凳子挪到教室的最后面，然后把门关上，不让寒风吹到我，下课后又将凳子送回到办公室，他们小小的举动，为我解除了许多的麻烦，也让我体会到作为老师的幸福。在实习结束离别之际，学生们还为我们举办了欢送会，自己偷偷编排节目，虽然组织的节目并不是很专业，但那是他们用尽了心思准备的，最后在一首《感恩的心》的歌声中，我感动得热泪盈眶！

虽然有时候他们很调皮、很不听话，但是这就是初中生的特性啊，从这些小孩的身上，我找到了对教师职业的期待和热情，我相信带着他们无数的小小关怀，我会在教师的职位上勇敢地走下去。

在三个月的实习过程中发生的事还有许多，它们会停留在我的脑海中。实习生活虽然已经结束了，可是那个地方却给我留下了终生难忘的印象。那里有帮助过我的人，关心我的人。在那里，我跨上了人生的另一个阶段。

# 一个男孩的转变

中文系20081017　邢　灼

来到文祠中学的第一天，我在和班里的同学们简单地打了声招呼之后，就开始了为期十六周的实习生活。

在初二（2）班的教室里，有一个男孩特别吸引我的注意，那时我还没有正式上课，只是在听课。他上课的时候小动作特别多，可能是出于对实习老师的新鲜感，老是转过身来，我用眼神提醒他，他就拿着课本转过去记笔记，朗读的时候我示意他，他装出一副认真的样子读起来。可是更多的时候，他都被上课的指导老师当众批评。他就是文。

接下来的那几周，每到下课，他几乎时时在办公室门口转悠，似乎想引起我们的注意，我也借机找了一些“小麻烦”让他表现，我每次夸他，他都乐开了花。后来真正踏上讲台，我才发现，他的这些小动作、小声说话的习惯严重干扰着我。因为他长得比较胖，我在讲台上一下子就注意到他，可是这和先前在下面听课时是不一样的，虽然私底下我很喜欢他，觉得他是一个很单纯可爱的孩子，但我必须树立老师的威严。就在我上第二节语文课时，他玩得太过了，我就指名让他起来读课文，由于基础太差，他读课文的时候结结巴巴，一点儿也不流利，班里的很多同学都取笑他，所有人都在等他读完那一段课文，他越读越没信心，越读越丧气。利用这个机会我批评了他的这些坏习惯，接下来的几节课他有所好转，但还时不时需要一个眼神、一个动作示意他、他才会安分。

初二（2）班这个班的集体意识比较淡，上课老是有同学干扰课堂纪律，这些行为已经屡见不鲜，因此，我们两个实习班主任和原班主任商量了之后决定成立一个监督小组，登记上课喜欢说话同学的名字，课后对这些同学逐一教育，各个击破。这个监督小组的成员不需要成绩好，只要有责任心、大公无私、乐于奉献就可以。我们一致认为文是一个比较可靠的孩子，而且很善于表现，因此他成了语文科目的监督员。在我看来，他这个监督员是很不错的，他不仅不袒护爱捣乱的同学，而且自己如果违反纪律，也绝不包庇自己，就这样在老师的信任中，他干得有声有色。

不仅这样，在语文科目的学习上我和他有个约定，争取考上 50 分。他语文基础真的很不好，可能这个要求对他来说比较高。为了达到预定目标，他每到学习文言文和诗歌的时候，总是把诗歌先背好，然后主动请我抽查，其实他只是一个特别想得到老师肯定和表扬的孩子而已。

初中这个年龄阶段是学生心理起伏波动最大的一个阶段，他也不例外。期中考试之后，班里的风气整体比较躁动，文也是，他上课的小动作越来越多，话也更多了，很多老师反映后，班主任决定联系他的家长进行教育，打电话联系后，他的这些情况有所好转。但他每次回到学校后总是闷闷不乐的，也学会了反驳老师，不承认自己的错误。记得刚开学的时候，他还是有羞愧之心的，批评他的时候，他总觉得不好意思，而现在他却没有羞耻之心了，这是怎么回事?

经过一段时间的教育之后，我们还是没能找出原因来，后来班主任有一个重要决定——让文回家调整两个星期再回来上课，于是通知他的父亲来学校了。他的父亲来校后我终于知道文总是闷闷不乐的原因，他的父亲是个比较粗暴的人，自从上次打电话到他家，他的父亲就对他采取暴力措施，这让我大感意外。从他父亲与班主任老师的对话中，我肯定他的父亲是个蛮不讲理的人，不会用正确的方式教育子女，竟然在孩子的面前批评老师的不是，当面批评班主任成老师，这实在让办公室在场的老师汗颜。我相信，这些话文肯定也听进去了。

最让我担心的事还是发生了，文变本加厉，违反纪律更厉害了。一节语文考试课上，我批评了他好几次，他还是屡教不改，我叫他去办公室找班主任反思，他也不搭理我，最后没办法只能等放学的时候逮住他，叫他到办公室来。记得那时是早上第四节课，办公室只有我们两个人，大家都饿着肚子。刚开始我让他自己开口说他哪里做错了，他一直不说话，我们僵持了 10 分钟左右，后来我索性等他自己开口，而我就在一旁批改作业。15 分钟过去了，他还不说话，20 分钟后，我转过头问他："知道自己错在哪里吗?"他说："我不知道怎么说。"之后，我就引导他开口说自己的错误，最终他承认了自己的错误。就在教育即将结束的时候，我说了一句："肚子饿不饿"时，我看到他眼里泛着泪花，觉得情况有些异常，就问他："怎么回事?""饿也没用，家里没人煮饭。"这时我觉得不对劲了，问了他家里的一些情况，原来他的父亲这些天住院了，父母都在市区医院，只有文一个人在家。利用这个机会，我用自己的方式安慰他："父母辛苦劳作只为换来儿女的幸福。""而你有没有为自己的父母想过?""还可不可以让父母生气?""你觉得应该怎么做才算对得起父母?"在安慰与教育之间，我更多是倾向于安慰他，也希望他能够在学校遵守纪律。从这以后，我时时刻刻关注他的表现，觉得他变了，没以前那么捣蛋了。我也多次利用课后的时间关心他的生活，询问他父亲的情况，表示我的理解，庆幸的是，他还是一个比较懂事的孩子，把我说的话都听进去了，慢慢地我察觉到了他的改变。

时间流逝，转眼到了离别的时候了，初二（2）班的孩子出乎意料地自发组织给我们初二年级的实习老师举行了一个送别会，太让我意外了。更让我惊喜的是，文居然是这次送别会的组织者之一，他还表演了一个节目，实在让我感动。

现在也不知道他怎么样了，短短的十六周，我看到他的变化、他的成长，希望他往好的方向走得更远。

# 亦师亦友的补课情

中文系 20081012　罗少林

开学的时候，班主任手里有一本班里的学生小学升初中的信息表，我和我的搭档助理班主任拿过来翻阅，大跌眼镜啊！单单语文这一科全班 59 人就有 32 人不及格，大大出乎我的想象，只有两个人上了 80 分，最高的是 84 分，这个得最高分的学生叫玲，就是这个学生走进了我的实习支教生活，让我践行了亦师亦友的教育理念。

玲的小学老师对她赞赏有加，她给我的第一印象也很好。经过课堂上的提问和第一次的作文《这就是我》，我发现她不仅仅像她的老师评价的那么好！她回答我的问题从不看参考资料，作文之中也是喜欢就是喜欢，不喜欢就是不喜欢，直来直往毫不掩饰，没有刻意追求修辞和文采的华丽。我很喜欢这样的个性，很关注她——率真之外有一股灵性！

然而她碰上难题了。他们小学是没有学过英语的，这样和城市里的孩子相比，她在英语上就存在着一大截的空白！我是偶然看到英语老师的成绩名单才发现这个问题的。我急，然而她不急。她好动、好玩而且任性，她不会刻苦地记反复地读，虽然她在课本标上注读音但并不是非常用心。她一回家就玩，此外还有一些家务等着她去完成。

我知道英语成绩在升学竞争中的地位，知道那么好的一棵苗子完全有潜力学好英语，我愿意帮助她，从一个单词一个单词，一道练习一道练习开始，我有耐心。在教她拼单词的时候我很惊讶她的英语老师居然没教过他们；此外我还教她将单词断节来帮助记忆，如把 basketball 断为 basket 和 ball 两个单词来记忆。

她并没有像我期待的那样有非常大的进步，可能是她那股孩子玩的天性太强大了，又或许是科目繁多应付不周。于是我决定牺牲午休的时间，让她中午自备面包，我把食堂的饭菜带到办公室里，我们一起吃午饭，然后我给她补习英语，她说好。

吃午饭的时候我们聊了很多，她给我讲了很多她小时候古灵精怪的故事，听了这些我不禁瞠目结舌，心想怎么会有如此神奇的一个小鬼！她爱猫爱得几乎能和猫互通灵气；为了一部手机，她想方设法找兼职；朋友被欺负了她就帮忙打架；她经常去欺负班里的一个小个子，那个小个子也是一个很捣蛋的男孩子。也就是在这时候，她说到了她的妈妈。她的妈妈是一个被拐卖到文祠的越南女子，所以她跟她哥哥是同父异母。并且她很坦然地告诉我，她并非她爸爸的亲生女。我打住她的话题叫她吃快点，下面时间要学英语了，她却跟我讨价还价说吃完饭应该休息，玩一会儿手机，一点钟的时候再开始。我没有反对。（后来我才知道当地有很多人买了从越南拐卖过来的女子做妻子，因为当地比较穷而且交通闭塞，加上这些越南女子言语和文化都不通，她们有的中途跑了，有的纯粹只是被当做一个工具。）

就这样，我们亦师亦友地相处得很好。她并非每一个中午都过来，我也没有强求，那已经成了我们之间的一种默契。我更多地愿意顺从她孩子的天性！

我反思过自己这样的做法对其他学生而言公平吗？我也在观察她的进步有多少。但是我没有放弃我的想法，我尽力而为，但因自己能力有限，我不可能对所有人都这样。在这个过程中我发现师生之间的互动不仅仅在于课堂上的问与答，也不仅仅在于作业本上的评改，还在于日常相处的亲密程度。亦师亦友一起学一起开玩笑的境界或许也是一种风格，并非每个老师都能做到，但我做到了，我从中明白自己怎样才能更好地为他们做些什么。

# 归中小记

旅游管理系20082711　曾卫庭

2011年8月28日，夏天的余热尚未褪去，早上已有了秋天的清凉。我们一行10人来到归湖中学开始了长达4个月的实习生活。在归中许多事情都是自己第一次接触或者经历的，现在已经无法一一回忆，但其中有一件事至今让我记忆犹新。

那是一个星期五的晚上，学校放假了，我在宿舍里上网找资料。突然QQ上有信息在闪动，原来是我所带高一（2）班的班长找我。记得刚开学那天班长和她的同桌来办公室，当时蔡主任说这两个学生不错呀！于是便多留意了，算是对她们有了初步的印象。后来在物色班长的人选时，我并不觉得她能胜任这个职位，觉得她有点小，会不会被班里同学欺负呢？经过其他老师的推荐，决定选她当班长，那时我心里还是抱着试试看的心态的。没想到她当上班长后做得挺好的，把班里的一些事情都处理得井井有条，这有点出乎我意料，我也不禁感叹，真是人不可貌相啊！现在她突然找我会有什么事呢？我打开消息，她说想问我一个问题。我想，或许是地理上的问题吧，因为她曾说过她喜欢地理，也想做地理课代表，没想到做了班长。我就回她可以。没想到她的回复却大出我的预料，她说："如果班里的同学不让我做班长，你还会让我做吗？"我想了想她做班长后的表现，觉得都挺好的，为了进一步了解事实，我说："我会支持你的，发生什么事了吗？"她谢过我之后就道出了事情的原委：原来是班上的一些同学不安分，上课的预备铃响后很多同学没有回到自己的座位上，还在班上打闹，作为班长的她实在看不下去，就叫他们尽快坐回自己的座位上，没想到那些人不听她管束，甚至还有人在背地里说她坏话。多次发生这种情况，她觉得自己很无力，也很委屈。

得知事情的经过后，我知道她是在管理班级的过程中受到挫折了，特别是遇到了这些原来没有预料到的困难。此时我反而不那么担心了，因为这个事情也不严重，相反，我还可以借助于这件事来教会她一些道理，让她更成熟些。当然对这件事我也不能坐视不理，这样的挫折应该适当地加以引导，不然的话可能会令她对自己失去信心，不能集中精力学习，也会导致学习成绩的下降。于是我在肯定和鼓励她的基础上也在盘算着该怎么和她分析这件事。最后我是这样和她分析的：首先，从当上班长开始就应该意识到将来工作中会遇到不少的困难，因为班长是班主任的左膀右臂，难免会遇到一些比较难处理的事情，所以要有充分的心理准备；其次，现在的高中生正处于青春充满活力的年龄，大家追求个性、表现自我、自我约束能力较差，需要老师来引导他们理性思考，要教导他们表现自己要通过学校的活动等，要学会和他人相处，能权衡集体与个体利益的轻重，让我们这个班集体更加和谐。作为班长，偶尔和他们有冲突也是正常的，相信大部分同学冷静下来后都能想到班长也是为班集体好，为大家好，他们在反思中会更加理解班长的苦心；最后，有些事班长没办法或者不适合插手去管的，就不要逞强。如有位成绩好的同学星期四下课后要参加英语的晚练，而那天刚好轮到他值日，这位同学就找到班长看能不能和别人调换。其实这件事班长应该让同学之间私下商量解决，自己不应该以班长的身份介入其中，那样很容易引起另一位成绩较差的同学的反感，产生逆反心理“我就不换，你们能怎样”？

在我的解释下，她显得平静了很多。我及时鼓励她，要她好好加油，共同为管理好我们这个班级出力。遇到解决不了的事情记得找老师，这样会处理得更好，和同学们的关系也会更融洽。

当我即将离开归湖中学的时候，她在我的留言本上写了那次谈话后的感受。她写道：“从当上班长时的信心满满到后来信心被多次打击，我感觉自己真的不适合做班长了。”她说，和我那次谈话使她对班长这个职务有了更深的理解，对要面对的一些困难她已经有了充足的准备，和同学们的关系也更加融洽了，高一（2）班更加团结了。我很欣慰，起码我做了一件好事。

# 实习归来的心绪

美术系 20082811　潘秀秀

美好的时光总是短暂的，三个多月的支教生活就这样结束了，带给我们无限的留恋和怀念，只能把它尘封在记忆的深处。最初选择来归湖支教的目的和现在安逸的生活比起来好像是背道而驰的！好像最初的梦想都被时间给冲淡了！

美丽的归湖小镇、生活纯朴的当地居民，把我们这群从韩师来的学生一下子带进了另一个世界，似乎与大千世界隔绝一般，但我们又好像得到了重生，生活似乎又有了另一番情趣。看着宁静而迷人的小镇逐渐被黑夜所笼罩，星星点点的灯光仿佛带给我们这些漂泊在外的人丝丝慰藉。

偶尔走在学校通往外界的那条小路上，感受着道路两旁的水稻所带给我们的惊喜和欢乐。第一次那么近距离地和它们接触，这是我在家乡所看不到的。刚来那会，秧苗刚刚插在水田里，到现在已经颗粒饱满地向路人炫耀了。偶尔回来晚一会儿，还可以看到闪闪发着绿光的萤火虫。

时间已经悄然过去三个多月了，我们的支教生活也接近尾声，而我还陶醉在这种宁静带给我的快乐之中，好像要做点什么？在这山山水水的宁静之地，好多的时间已经悄悄地溜走。享受之余，是否该给自己施加一点压力了呢？是该做点什么，给自己的实习工作画上一个完美的句号。所以在剩下最后两天的时间里，我给学生们举办了一个美术专栏，既可以丰富他们的校园生活，也可以激发他们学习美术的兴趣。

美术跟其他科目不同，因为它不是考试科目，所以在一般学校都不受重视，在这里也不例外。我成为了他们唯一的一名美术老师，不知道是孩子们的幸运还是我的不幸？跟其他科任老师不同的是，我没有专业的指导教师。课程怎么上，怎么使课堂更丰富多彩和怎么让学生对美术这门课程更感兴趣，这些都是我接下来所要面临的问题。听其他老师上课、看教学视频、上网搜集大量的学习资料来丰富我的课堂教学。但是我错了，我发现：即使我的课备得再好也没用，课堂纪律差，学生根本就不听讲，所备的内容根本讲不了。所以我明白了：上课不是我一个人的问题，还必须得让学生参与进来，上课不仅要备所授的内容，还要备学生。因为我们始终不知道课堂上学生会提出什么稀奇古怪的问题和使出什么新花招？所以更重要的是老师要具有比较强的应变能力，我觉得这是作为老师非常重要的一个心理素质。因为谁也不敢保证课堂上不会出现突发事件。

初中是学生所处的一个特殊而又非常复杂的年龄段，初中阶段的学生叛逆心理特别严重。初二又是重中之重的一个环节，恰恰我带的是初二两个班。初一的孩子刚刚迈进初中的大门，还没有脱去小学孩子般的稚气，再加上对新学校和新老师的好奇，所以一般都很遵守学校纪律；初三的学生由于面临中考压力，所以也是比较安分守己的，这就是重中之重的初二学生的特殊性。对我来说带初二学生无疑是一个挑战，但同时也给了我很大的动力。带我的班主任是一个对教学和治理班级都比较有经验的老师，而且这位老师的责任心特别强，所以跟着她是我学习的一个好机会。一个学期的时间，我从她身上学习到了丰富的管理班级的经验和教学知识。

回到学校快一周了，再次想起在归湖所发生的事情，虽然好像已经非常久远了，但当我再次拆开孩子们写给我的信，看着她们稚拙的笔迹，我突然有种感动在心底久久不能平静。喧闹的大学校园生活和宁静的归湖中学比起来，完全是两个不同的世界。同时我也扮演着两个完全不同的角色。在韩师，我依然是一个拿着父母的血汗钱读书的学生；而到了归湖中学，我则成了一名传道、授业、解惑的人民教师，光荣而又伟大！在登上讲台的那一刻，我才真正体会到“为人师表”四个字的分量；才真正体会到作为一名普通教师的不易和辛酸；才真正体会到我读书时不认真学习、捣乱课堂，老师心中的那份焦急和无奈；才真正体会到教师这份职业的神圣与伟大。

还记得当学生们第一次称呼我“老师”时的表情：满脸的诧异与困惑，是在叫我吗？是啊！突然从一名学生的身份转换为老师。很显然，我还没有适应过来呢！而现在，当我已经习惯了别人称呼我为老师的时候，我却已经离开了。离开了寂静而又美丽的归湖小镇，离开了我那群可爱而又时常惹我生气的孩子们。无论是多么地不舍，我都已经离开了，因为实习生活结束了。

回想起当时选择支教的情景，那时我以为同学们会踊跃报名参加，后来发现我错了。系里的两个名额都没有报满，那种莫名的失落顿时袭上心头。为什么在别的系看来都是非常光荣而又非常难得的一次机会，而在我们系却成了烫手的山芋。支教在我看来是荣幸的事，而在别人眼里我却成了不幸。当时，我总觉得四年的大学生活太颓废了，是该做件有意义的事情了，直到现在我从来也没有为我当初的选择后悔过。

在这里我接触到了不同的人和事，我和一起去支教的同学成为了非常要好的朋友，也许这就是缘分，不同的追求，相同的选择，让我们相聚在了这宁静而又美丽的归湖小镇。学校的学习条件虽然比不上城里，但是要比我们想象中好多了。在这里，我们共同走过了一个学期，见证了孩子们的学习过程和一小段成长的经历。无论我们今后的人生道路怎么选择，无论我们将从事什么样的职业，这段经历都将成为我们人生道路上最美好的一段回忆，成为我们最大的一笔人生财富。

# 归湖小叙

物电系20081212　林小玲

归湖，是个好地方，空气好，风景美！在归湖支教的这段日子，我和202班可爱的学生一起度过了美好的时光。一些人一些事，让我感触良多。

记得开学初，第一次批改作业的时候，我发现了一个学生的作业很差，连题目都看不清写的是什么，我以为是个调皮的学生，于是在课余时间，找他谈了下话。他是一个看起来很老实、很乖的男孩子，怎么会这样呢？带着疑问，我说，你的作业要重做，你看，你的题目我都看不清，写作业至少要让别人看清楚你的字，对吧？他只是默默地低着头，没说什么。其实我的语气很和蔼因为我怕伤了他的自尊心，也特别跟他解释了原因，完全是为了他好，没有责怪他的意思。后来，我发现，原来那个学生的脑袋有点问题，平时的作业基本都不要求他交的。那么，之前的事我觉得我做错了，对他我感到很抱歉、很内疚。对于这种事，也是无奈。这件事告诫我，做事情最好事先了解状况，不要妄下结论。在体育课期间，有好几次我看到他在教室，就问他为什么没去，他就会跟我说一运动头就会痛，当时听起来很心酸。又一次我恰巧看到他在看英语，他说，英语单词老是记不住，我就鼓励他反复记忆，相信一定会记住的。每一次的物理作业，他都会交，虽然几乎全错。最后一次作业，他竟然几乎全对了，这让我觉得很欣慰。

对于物理，他们刚接触，虽然课程比较贴近生活，但相对于他们来说还是比较难的。有一个女生的总体成绩挺不错的，但是她的物理成绩却不是很好，可她每次听课都很认真，课后也经常问问题。有一次她考试没及格，她跟我说，觉得很对不起我，问我会不会因为她成绩不好而不喜欢她。其实，不会，真的不会。我当时还觉得有点内疚呢，因为自己出的试卷可能难了些，及格的人数比上次测试少了一半。记得我当学生的时候，我会觉得考不好对不起老师，担心老师也会因此而不喜欢我，原来，真的是不会，当了老师才知道是这样的。一次考得不好并不代表什么，只要是认真的学生，老师都会喜欢。

班里的好几个女生，就像我的左右手。在教学上，她们会给我提宝贵的意见。有时候，我上课声音比较小，她们会提醒我。有时候，教室后排的学生上课很吵，她们会建议我怎么做。刚开始的几周，物理练习很少，她们会建议我多出一些练习题给她们做。有时候，我上课没注意，总是对着门口那边的学生讲课，而在另一边的学生听不清楚，再加上黑板反光，他们更加不知道我讲什么了，课后她们会向我反映，让我注意到这个问题。在生活上，我和这些学生就像是朋友，会和她们聊一些关于大学的事情，鼓励她们好好学习，争取考上大学。她们也会说些关于学习、朋友、家里的事情。可能我们还是学生，在思想上和她们代沟不深，她们很乐意和我们聊天，当然我们也想了解她们的想法。实习结束要离开的那天，我们和她们享受了饺子宴，很美好。

在短短的三个月时间里，我和学生们建立了深厚的师生情，和他们相处会让我感到很快乐、很纯洁。

# 我以耐心收获了约定

旅游管理系20082711　林典双

第一次对学生的了解是通过整理他们的高中人生规划得到的。记得这件事还是自己揽上身的，因为学校并没有要求这项工作。所以有些事还需要自己积极争取，如果觉得有意义，如果想得到某些锻炼。每天我除了催促未上交作业的同学尽快完成外，就是对号入座，认真地阅读他们写的人生规划，希望通过这一小小的窗口窥探到他们的内心。因为我觉得，只有了解，才会有理解，才能有针对性地帮助那些需要帮助的人。作为一名实习老师，这种认识学生的心情是多么迫切。这样看下来，发现有的学生只是纯粹把制订人生规划当成任务来完成，所写的规划中没有触及内心真正的想法，或者准确地说，是没有经过认真思考，只按照某种模式随便写了几句，并不深刻。内容上，许多学生提及自己初中三年是如何浪费时间，如何不爱学习，以及提到初三时的懊悔，写到如今想如何痛改前非，奋发图强。除此之外，学生的语文功底让我大吃一惊，作为高中生，大部分人连最基本的语句都写不通顺，而且他们习惯写大白话文，由潮汕话直译过来。还有，班里能写一手工整字的学生凤毛麟角。这最初的了解让我感到不同地方的教育差距，同时也燃起了我工作的热情，我要尽最大努力帮助这些孩子。我把每个人规划中的重点整理出来，不管他们是否认真写，我都选择相信，我相信每个学生都有上进心。我想尽自己的绵薄之力，在他们身边提醒他们、鼓励他们。刚开学的这份工作，不仅让我对学生有了初步的认识，在以后的工作中这份工作也凸显出了它的作用。

印象最深的是班里的劳动委员杭。他是一个胖胖的男孩子，高大，爱玩，爱说话，就是不爱学习。刚开学时，由于身高问题，他坐在最后一排，这一排坐的全是班里的“活跃分子”，是所有老师久攻不下的阵地。那时候，他经常和一些哥儿们中午到隔壁找体育老师。有一天，我便趁机找他聊天。这孩子性格挺好，也由于我对他事先有些了解，聊得便多了。通过聊天，我发现他没有明确的学习目标，没有想过高中三年之后的事，不知是不是源于缺少思考。我拿出了他写的高中人生规划，看完后，他对我说：“我也想过要好好学习，只是基础太差了。”听到这句话时，我很开心，因为我知道投下的这块小石头已经在他心里荡起了波纹。接下去的一个多小时里，我们通过对话，慢慢地整理出了一个计划雏形。离开时，我对他说：“也许一开始你一周只能坚持一天，但请不要放弃，敢于踏出第一步就是你的胜利。”我知道，应该给他时间，也给我自己时间，切勿操之过急。往后的日子，我们聊过几次。另外，我在他的周记里不断给他鼓励。在实际学习生活中，他还是那么贪玩，但还是学习起来了，偶尔还会看到他在问同学问题。周末他也懂得安排一些时间学习（这是他事后告诉我的），上课也认真多了，有一次居然还主动要求换座位，理由是后面太吵了，听不到老师讲课。这些改变可能微不足道，而且现在的转变只是很小的一部分，但就是这一点小小的改变，我看在眼里，乐在心里。我知道他在不断克服自己的缺点，因为他开始思考了。

即将结束实习生活时，班里的学生送了我一本留言本。杭在上面写着：我的理想是成为家里的第一位大学生。那是我们曾经的约定，是他的理想，也是我的期望。那一刻，我百感交集，我终于以爱抚的耐心收获了我们的约定。

# 我的教育书信

教育系 2008191107　陈妙丹

## 伟写给我的信

老师：

您对我说过很多话，可是我一再敷衍您，刚开始的时候总觉得您很啰唆，渐渐地觉得您说的话很有道理。我不想自弃，可我又不会读书，总觉得反正书读不会就去打工。听了您跟我说的许多话之后，我觉得打工不是我人生的出路，您放心吧！我会履行我说过的话：好好完成学业。其实我们都把您当做好朋友，就是和您太熟，所以才那么调皮的。

您教会了我什么是礼仪，怎样尊重师长，我很感激您。希望您有时间能回来看看我们。我们都不舍得您走。

老师，再见。我会想念您的！

您的学生：伟

2011 年 11 月 15 日

## 洋写给我的信

尊敬的、亲爱的老师：

这个学期快过去了，再过几个星期就放假了，我今天得知老师您明天要离开我们 801 班，离开学校，返回韩师的消息后，我特别伤心。老师，您就不能明天不走，等过了这学期再走吗？我知道，在这几个星期里，我有时会惹您不高兴。我算过了，您来我们 801 班才 112 天，在这 112 天里，您为我们 801 班流过多少汗水，操过多少心，我们是很清楚的。您走了，我们会变得孤独，没有以前的欢声笑语，没有以前那种热情，是您来了之后，我们 801 班才变得热闹起来。我们考试没考好时，您在旁边鼓励我们，让我们有信心；当我们有同学不舒服时，您来看望他，盼望他早日好起来；当我们有不懂的问题，您给我们讲解；当我们……

老师，您要走了，我没有什么好让您留念的，所以写了一封信给您。老师，您走了以后，有时间一定要来风中看我们。您走了以后，我们一定更加认真地学习，不让您失望。老师，我祝您一路顺风，身体健康，万事如意！您走后一定不能忘了我们801班的所有同学，我们也会永远记得您！老师，我们801班永远爱您！

祝老师身体健康、工作顺利、天天快快乐乐！

您的学生：洋
2011年12月15日

## 离别的留言

2011年12月15日晚上，夜修时，鹏和寅借故出来，找到我的宿舍，说了一些舍不得我走的话，不一会儿他俩眼眶都红红的。鹏还转过头去，哭了。在信上，他提到“我想过不哭，哭只会让老师您更加担心，但是我一想到老师您就要离开我们了，眼泪就情不自禁地流下来”。不要看他平时很调皮，现在对老师多体贴啊！

16日早上，我刚走出宿舍，又看到他们俩过来。每到下课时间，班里大多数学生都跑过来找我，我怕影响他们学习，不舍地劝着他们回教室。不过真的很难劝走，最后他们还说要帮我搬行李，我不允许。当我提着行李下楼，快到楼梯口时，他们一见到我就蜂拥而上，抢着帮我提行李。

离开之后，我一直记挂着801班的学生，有的学生给我写信说“老师，您不在我真不习惯啊”；“老师，没有您的教室，好单调啊”；“老师，我们都很想您”；“老师，我们801班永远爱您，记得您”；“最近数学学不会，您要是在就好了”等。

峰跟我说，他一直在想，每时每刻都在想：“有知识的人有工具，没知识的人被当做工具。”（这句话是在他们逃课去上网时，我说的）

峰说，每次我教育他，他都很开心。他讨厌其他老师教育他时摆架势。

我还跟他说，做练习时遇到不懂的要问老师，老师会很高兴的，因为你会思考问题，向老师问问题，很上进。就像海儿，她主动要求老师辅导她，好学，老师就很高兴。

801班的孩子们，我永远陪着你们，爱你们，我一直在关注着你们的成长。

# 给伟的信

伟在班上表现不好，很多老师都放弃了对他的教育。我认为他并没有坏到不可救药的地步。于是我给他写了一封信。

伟：

我没有要求你马上考个八九十分，只要你遵守课堂纪律，认真听课，用自己的知识去考试，不管考多少分，那都是你的成绩，这是诚信的体现。不可能每个学生都成为科学家、文学家等，但绝不能有伤害别人、破坏社会的行为，如果成为救火员是成功的，成为一名篮球运动员也是成功的，成为一名销售员也是成功的，正所谓行行出状元。

但不管将来你要到达哪个成功的彼岸，今天你必须登上通往成功的道路。(想要到达明天，现在就要启程。这是老师我非常欣赏的一句歌词，我将它送给你。）也就是承担起作为学生的你应有的责任，学习各门文化课，学习文化知识是到达成功的必经之路。当然还要全面发展你的人格素养，这是我很看重的，也是社会发展需要的，相信你也是比较认同的。

只要你有心想要做，肯定很不错。到那个时候，不需要老师要求你考个好成绩，因为通过努力你会自然而然地考出一个让老师、家长，甚至是你自己都惊讶的好成绩，你信不信？反正我信。

你曾经问过我，读书辛不辛苦，我也说辛苦，我读了十几年了，辛苦，我是有所体会的。但是我怎么就会拼过来呢？你呢？我发现你的头脑比我还灵活。苦读的十几年我从不认输，那时虽然我在班里没有数一数二的成绩，不过我心里暗想，我一定要向他们看齐，虽然现在不能超过他们，至少我不能落后太多。我努力、奋斗、加油，我终于拼搏起来，不亚于他们。你比我灵活、比我聪明，不用像我那么费劲，只要稍稍一努力，就能有好成果的。难道不是吗？难道你将来不能超过我吗？

现在，我作为老师，有时候感觉到累了，辛苦了。你认为老师应该不当了，放弃了是吗？

我为什么把更多的关心给了你呢？你是否愿意老师关心你呢？

学习有不懂的，应该怎么办呢？首先，你心里想的、嘴里说的，再也不要出现“我不会”这样的字眼了。而是“我要学”、“我能学”。其次，根据自己的学习特点，采用适合你的学习方法来学习。例如，英语早读时，你要认真看着书，同学们读到哪、看到哪，你要认真记下，某个词，大家怎么读的，多听几遍，你懂了，也就能跟着读了。上英语课时，可以抄写单词、课文，最后你就会读、会拼写了。当然这是基本的，你能达到，就是一个进步。其他科目，我在这里就不详细说了，你自己想想，还找不到方法的话，请教科任老师或同学，他们还不能帮到你的话，就来找我，看看我能帮你多少。

如要你做到了，那就要坚持下去。你也知道，不拍的篮球终究会停下。

开学时，我发现有些老师对你摇头，但我不像他们那样，我不相信你是一堆烂泥，我认定你会很好的，你会是个优秀的孩子，从开始接触你到现在一直都是。我想只要你自己不放弃自己，别人没有必要放弃你的。如果你自己认输了，要放弃自己，还有谁有理由关心你？想要大家都关心你、重视你，那么首先你要做到值得别人这样对你。你懂的！

如果我自居是伯乐，那么你就是千里马。

关心你的陈老师

2011 年 11 月 9 日

## 给伟家长的一封信

尊敬的伟的家长：

你们好！我是伟的副班主任陈老师。孩子的教育除了学校、社会，还需要家长的配合，所以我希望能与你们交流。

伟其实是一个值得疼、值得爱的好孩子。记得刚开学，我接手 801 班。我拿着功课表和作息时间表到班上去，伟主动帮助班集体把这两张表贴在墙上，这说明他心中有班集体，而且乐于助人。

我还了解到有时他会帮助同学打扫卫生，这也体现出他乐于助人，而且热爱同学、交际良好。这些良好的品质对他以后的发展都有很大的帮助。

他还有许多优点，比如懂礼仪，不会穿着拖鞋进校园；尊敬老师，有些不礼貌的行为，老师给他指出来，他能听懂也能改正；他有潜力，从他能帮助老师登记考勤，管理纪律卫生、当体育委员等可以看出他有工作能力，这些方面的确很不错。

学习这一方面，他正在逐渐地改进中，还是值得肯定的，他这学期的表现比初一进步了许多。比如早读，以前是从不翻书而且爱说话，而现在他能够翻开课本，看着书，时而读出来，我看到他的这些进步，真的很高兴。你们知道他的进步吗？

但是，他心里还没有真正地想要读书。原因可能是：六年级时，他考个

90多分，是个不错的成绩，可是你（父亲）没有表扬他，使他没有获得成就感。伟跟我说，当时他就想，考得一个好成绩没有得到肯定，以后就不再考好、不再认真学习了。也许因为这样一个细节，使他在初一时，不认真学习。他上课不学习，就只能用说话来消磨时间，从而养成上课爱说话的坏习惯，坏习惯一旦养成就很难改，不过幸好时间不是很长，如果老师和家长都对他进行引导、鼓励的话，相信他能改变。我们还要让他自己知道，要改进需要毅力、需要学会控制住自己，更重要的是让他重新燃起对学习的热情，喜欢上课。

我开过一节课，目的是要激发学生对学习的兴趣，但对他好像作用不是很大，还需要你们对他加以肯定、理解、关心、支持、引导。我们可以针对他以上这些进步进行表扬，再慢慢地引导、提出要求（阶段性的要求）。

听他跟我讲，你想让他初中毕业后去参军，也许这给他一种暗示：你读不了书，只好去参军。但其实不是，这只是一个意见。如果给他一个机会，让他自己想、自己选择，也许他有别的路，也许他想上大学，也许他想当篮球运动员。作为长辈，你经验丰富，但路是孩子自己的，我们只能给孩子提一些建议，在一旁监督与引导，最终选择的机会还是留给孩子们。

伟说："我不会读书，我读不会。"其实不是的，只是他不想读，他认为别人对他的看法是这孩子读不会，所以我们要明确地跟他说，你很聪明，你能读会的，我们都是这样认为的。只要伟认为他能读好书，他就会想读书，接着就会控制好自己，认真读书。

这些只是我的想法，跟你们交流，希望对伟有帮助，你们有什么想法可以跟我说说。伟在家的表现怎样？我猜想他一定很孝顺。

此致

敬礼！

陈老师

2011年11月17日

# 尴尬的拥抱

中文系 2008101420　陈　泽

## 一、等待也是教育

记得有一天，我去上课，铃已经响了，我大声喊了上课，大家都站起来了！可是勋还是趴在桌上睡觉！我喊了他的名字，他还是继续睡着。第一次碰到这样的事情，我确实有点生气，觉得必须把他叫起来，不然我实在没台阶下！我走到他面前，敲了敲他的桌子，可是他还是没理我，大家都站着呢，都等着你一个人呢！我顿时真的火了。我一把拉着他的衣服把他拽了起来！他抬起头，生气了！问我为什么要拉他的衣服，我也生气了，我说上课了你知道不？他就是死咬着我拉他的衣服这样不对。这时候他的同桌俊开口了："老师，他今天生病了，不是故意的。"哦，原来如此，勋平时确实不是个专门要让老师难堪的坏小子。但是现在这种状况，我如果就这样原谅他了，确实不好！但是我必须马上上课！于是，我叫他下课到办公室找我，然后就接着上课了。

下课了，我见他还在睡，我并没有把他领到办公室，而是自己一个人回办公室了。有同学跟在我后面，建议我今天不能就这样放过他，必须给他点颜色看看，否则以后大家也都跟他一样了。但我却笑着对那位同学说，放心吧，这件事老师会处理的。后来，我就回办公室了。到了办公室，我也没有跟其他老师、领导打报告。其实如果我那天告诉了主任，让她去处理，那么勋也许就惨了！但我不想这么做。我站在他的立场想了想，他并不是一个坏孩子，基本的道理他是懂的，只是刚才可能碍于我拉了他的衣服这一个不恰当的行为，他感到面子上过不去，还有就是他可能生病了，或心情不好才会那样顶撞我的！我想我必须等一下再去处理这件事，如果现在就找他谈话，可能不会有什么效果。不如等明天，去关心一下他的病情，借机再对他进行教育，这样效果也许会更好！

第二天早读时，我刚想找他，他倒走了出来，在走廊跟我道歉了，并给我递了一张道歉条，承认了自己的错误，并说明昨天是生病头晕，不太清醒才会做错事，保证以后不会再犯同样的错误了！这时候我心里很高兴！我觉得我的判断是正确的！其实勋是个好孩子，道理不需要我讲，他也应该懂的！我等他一天是等对了！

当然，过后我也反思了我拉他衣服那个不恰当的行为，我当时应该再有耐心一些，把他叫醒再进行教育才是正确的！

## 二、我与为的故事

### （一）陪练

校运会开始前一周，我发现我们班的为一直一个人在操场上练铅球，他的行为确实令我感动！我决定给他当陪练！说到底就是给他当捡球的，帮他看成绩，给他加油鼓劲！为是班里的体育委员，校运会的参赛队伍几乎是他一个人组织起来的！他为人热情、讲义气，班里的同学都服他！所以我觉得以他这种性格，我当他的陪练他应该会很有动力吧！最后他真的打败了高二、高三的同学，夺取了校运会高中部男子铅球的冠军！

### （二）拥抱

校运会上，我被学校安排去当计时员，除了跑步项目进行时，我能在终点前喊几句加油之类的话，根本没时间去给同学们喊加油！那天，我听说班里的男子 4×100 米在小组赛上已经以第一名的成绩进入了决赛，但是决赛却因一位同学不知道怎么了，说不跑了！本来这是一个有机会夺取分数的项目，现在却要去裁判席那里宣布高一四班弃权！作为体育委员的为确实感到可惜，我见到他的时候，他愁眉苦脸的，我一看就知道是因为这件事了！他慢慢地走近了，忽然他伸出了双手，向我拥抱过来，我当时也没顾着老师的尊严什么就跟他拥抱了！随后我就安慰他，让他尝试找其他同学代替那个同学参赛。

这件事刚好被在操场的校长看到了！过后我受到了校长的批评，意思是我不能跟学生做出这么没规矩的行为，老师就是老师，不能没了老师的样子！校长的批评是有道理的！但是我在想，当时他愁眉苦脸地拥抱过来，我应该怎么办才好呢?！回避他吗？我想我当时是体会到他的心情了，比赛是他组织的，他自己每天也在训练，足以看出他有着浓厚的集体主义精神，很想为班集体争光！眼看着班级同学就要弃权了，他暂时没有想到更好的办法，他很苦恼，所以他才会想通过拥抱来寻求一定的心灵安慰！作为老师的我，给他一个拥抱，给他一点安慰，再帮他想办法是不是也是可以的呢？我觉得他就是认为我能给他安慰，才会突然向我伸出双手，我感觉那个时候我如果没跟他拥抱，也许会伤害到他！但是校长说的话也是很有道理的，所以我认为基于当时情况的特殊，我的行为虽然是不恰当的，但也是情有可原的！

### （三）感情深厚

为的成绩估计是全班最差的！我记得为第一次月考的时候，以6分的成绩居班里倒数第一名！那时候他的作文是空白的！过后我找到了他，跟他说期中考试作文无论怎么样都要写几句。虽然他很为难，但他还是答应了，果然期中考试他的作文就写得满满的！当然过后有同学告诉我他是抄的，但是他的改变也让我很感动！我想以他的水平，要他写一篇作文确实很难为他，但他既然答应了我，就是抄，也要完成对我的承诺！我想我对他的表现是满意的，虽然我也感到很无奈！

每当班里的同学上课实在耐不住听不懂时，他们就会捣乱。为虽然也听不懂，但他从来不在我的课堂上捣乱！相反，每次下课，在我回办公室的路上，他都会赶上来安慰我几句，说是班里的同学太坏，老师不要太生气了什么的！我想这也是很让我感动的一件事吧！

我要走的那天早上，班里几个女生知道了，她们都来送我，为也来了。其实我一直很确定他肯定会来送我的，果然他就真的来了！我们之间并没有说什么舍不得的话，反而我担心他的前程，我问他今后有何打算。他说现在先在高中混一年，明年满18岁就不读书了，去当兵！我想对于长得那么结实的他来说，当兵真的是一条不错的路，读书他确实没天赋。我很为他高兴！当然作为老师，要走了，总不忘要教育他几句。我说，既然你在学校也只剩下一年的时间，那么就请珍惜这一年的时间吧！努力些，能学到多少就学多少，这些知识或多或少对自己还是有好处的！尽管我很不舍得离开，但我在心里祝福着这个孩子，愿他有一个美好的前程！

# 学会平等地对待每一位学生

政法系 2008172128　林　璐

这次支教实习给我印象深刻的有几件事，有的是美好的，有的是悔恨的，但无一例外都是我宝贵的经验。

在这些天里，给我印象最深的就是对学生的处理问题。我犯了一个很多老师都会犯的错误，在同样的问题出现时，对学生却有差别地对待。在批评教育学生方面，哪怕知道这是不对的，但心里还是会对优秀学生宽容些。有一次我上课抓纪律，有两个学生讲话，我却采用了不同的教育方式。一个是好学生，平时考试成绩很好，但上课有时好说话，而且他说话的声音很大，只要他一说话，全班都会听得很清楚。他上课说话我只是瞪了他一下。但过一阵子，有另外一个学生讲话，因为他是一个平常喜欢说话、成绩差一些的学生，我就直接叫他去后面站着。过了一阵子，我就听到学生在下面说“某某说话没说什么，某某说话就让他去后面站”。虽然我没说什么，但还是听进去了，回办公室后我一直回想这件事。就算我一直知道不应该搞差别待遇，但有时还是会控制不住，这件事给我很大的启发。虽然学生只是抱怨一下，但这件事给我很大的震撼，我觉得我还是要学习如何对待学生，要做到一视同仁，不能有偏爱之心。在对待好学生和差学生的态度方面，不管是什么方面都要努力做到一视同仁，就事论事，不歧视后进学生，在公平、心平气和的氛围下解决问题。当好学生和差生犯同样的错误时，不要因为是差生而严加指责，或因为是好学生而装作没看见，要坚持平等对待的教育原则。

还有一件事，这对我而言也是很好的经验。我在跟一位老师聊天时讲到差生问题，那个老师对我说的一句话，让我至今印象深刻。就是对待差生，要用棒子和糖。他犯错，不仅要温和地教育，也要严厉地管教。同时，他做一件好事，比如按时交作业时，要适时夸奖他。教师要时时关注他，对他做的任何一件好事，不管是多小的事情，都要及时给予奖励。这种事不是一天两天就能完成的，而是要用一学期甚至两学期的时间去做。另外，一学期只需重点关注一个学生，因为你没那么多精力。这些话让我觉得受用终生。

在这三个月中发生了很多事，我学到了很多东西，也收获了很多。

# 要耐心教育学生

外语系 2008141313　廖淑晓

凤凰中学有“操行分”制度——每个学生初始有 70 分，看平时表现进行加减，每个班级都安排全班学生做值日生记录一天班上的情况。对个别学生进行加分或减分。后来指导老师告诉我，这是制服学生的法宝。

大部分学生还是很怕被扣分的。一次我巡视全班时，有些学生不怕我，讲话、走路都当做没看到我一样，我很生气。有一次我忍无可忍，当着全班同学的面扣一位同学 4 分（一般只扣 3 分），全班便安静了，这或许就是杀鸡儆猴吧。这种制度果然很有效，我心里有点小得意。可是同样的方法不能用得太频繁，当再次出现这种情况时，学生的反应是你扣就扣吧，脸上还带着不屑的表情。初出茅庐的我有些愣了，下课后，我找了指导老师，向她请教。之后我又自我反省，找了那位同学好好聊天，我先对那位同学平时表现好的地方或者优点进行表扬，没想到他竟然不好意思地笑了，要知道学生在全班同学面前拉不下脸，不愿意承认错误，可是在私底下还是很好说话的。

我也懂得了虽然在班里面树立威信很重要，但是不能一味用硬的，应该要了解他们这个年龄阶段学生的心理特征，跟他们在私底下好好沟通，当然沟通的方式也很重要。沟通时教师要肯定并表扬学生的优点，指出他们做得不好的地方，结合他们的实际情况，对他们进行引导。不要一味地抓住他们的死穴，威胁他们，不是扣分就是请家长，给他们一种“老师是敌人”的印象。那样只会出现师生之间的代沟问题，恶化师生关系，不但达不到教育、引导的目的，反而会将他们越推越远。硬碰硬并不好，在教学施教过程中应该软硬兼施才是“硬道理”。有时候和学生“混”得太好，学生对老师便没有敬畏的感觉，同时我深切感受到所谓的“坏学生”内心其实是很渴望得到老师的肯定和表扬的，只是他们装作满不在乎的样子。

有两个调皮捣蛋的学生，我们多次对他们进行表扬教育，即使他们还是不爱学习，认为自己学不会。一位学生对我们表示很是尊重，觉得我们肯定了他，之后表现得还算不错，例如上课或晚自习尽量不讲话。虽然他有时会反复，但及时进行教育后，就会有所改善。而另一位学生，态度很奇怪，无论你怎么“掏心掏肺”跟他沟通，他就是“冥顽不灵”，照样在课堂上讲话，嬉闹搞怪，还要经常爆出一些轰动全班、气死老师的言论。之后一段时间，他居然破天荒地爱学习、问问题。刚开始我相当地高兴，想着这位学生终于有进步了，但是当我回答他问题时，他并没有认真在听，反而是在不停地笑，我几次问他笑什么并要求他认真听讲，他好像忍不住一样。我又发现他连自己问的问题是什么都不知道，这才恍然大悟，原来是在消遣我。我很生气，拒绝回答他又乱找来的一道难题，他就在班上嚷嚷——原来老师也不会啊，不会就直说，回答不出来还不懂装懂。之后我在私下批评教育了他，因为他不尊重老师的劳动成果，也影响了其他同学。这个“问问题”刁难方式用过之后，他又我行我素地继续讲话、一如既往地捣乱课堂。后来这位学生被“请回家休息”了，在我们认为他或许是传说中“软硬不吃，无药可救”的时候，他却有了变化。原来是我们级长特别“任命”他为晚自习监察员，有权力记下那些讲话捣乱学生的名字。我很奇怪，他连自己都管不好，怎么有资格管别人呢？别人会服他吗？刚开始有时候他还是讲话，下课后我问他：“你自己都在讲话，怎么去监督其他同学呢？”他说：“我也有记下自己的名字啊！”我惊讶了，颇有一种“柳暗花明又一村”的感觉。后来，他不再嬉皮笑脸也没有再在夜自修中讲过话，我又对他说：“你的进步真的非常的大，士别三日当刮目相看。”他只是笑笑。

那时我又明白了，“没有教不好的学生，只有不会教的老师”这句话是有些道理的。每个人，每一位教师都有他的局限性和做不到的地方，因而教师不应该对学生妄下结论、妄作评价，或许有某个人、某位老师在某个地方、某个时刻能够将他们引上正途，将他们教育成一个有用之人。

经过这次凤凰支教，我深深体会到做老师不容易，做一位好老师更不容易。一代一代的孩子成长的环境有了变化，他们的心理也不一样了。作为一位老师，在学业上要监督他们，在品德上更要引导他们，毕竟做一个好人要比做一个好学生重要得多。每一位教师对学生要有耐心、爱心、细心，多与他们沟通交流，多肯定他们，特别是“坏学生”，他们更需要教师多加关照和肯定，当然，教育的方式、方法也非常重要。通过这次实习，我学到了很多在学校先进设备以及微格教室中学不到的东西。

# “冷面人”居然给了我糖

旅管系 20082711　刘嘉欢

来到凤凰镇顶岗支教，我认为是一个很明智的选择。因为在这短短的三个半月时间里，我学到了别人可能需要一辈子才能学到的东西。

首先是友情方面。我在这里认识了一群志同道合的校友，虽然不同系别、不同班级，但我们有着同一个使命——首届顶岗支教实习。这个使命承载了学院对我们的厚望，也寄予我们对自己的更高要求。我们 16 人一起游，一起吃，一起行，一起聊。我们会经常把自己所带班里的事情拿出来分享。由于经验不足的原因，在刚开始的一段时间里，我们郁闷过，伤心过，但因为大家的鼓励与支持，很快又恢复了。我们一起哭，一起笑，但更多是一起讨论如何带好班级、教好学生。虽然现在我们都回学校了，但我相信我们的友谊能细水长流，永不停息。

在教书育人方面，在这里我拥有两个身份——地理老师和班主任。对于第一次真正担当这些职务的我，倍感压力。一是没有经验，二是觉得这是一份关键的工作，好坏会关乎学生的一生。因此，我认真地备好课，仔细认真地了解学生的学情和性格特征，做到上好课，教好人。

还记得，在知道自己要上第一节课时，心情既紧张又兴奋。为了不让老师和学生失望，虽然暑假我已经备过课了，但我还是用了三天的时间来复习，查漏补缺，并且和指导老师交流要如何攻破难点。在上讲台的一刹那，我还是有点紧张。我用了小组讨论和演示法来讲课，没想到，效果都还不错。课后学生说喜欢上地理课，我非常开心。无疑，这一节课为我后来的教学奠定了基础，也让我更有信心站在这个讲台上，同时也让我明白，要想学生喜欢你，必需要做到上好课，而前提是备好课。对他们来说，其实我更像是一位大姐姐。没有哪位姐姐不希望自己的弟弟妹妹变好。只要对他们用心了，并注意方法，他们是能理解老师的良苦用心的。在离别之时，很多学生都表达了他们的不舍之情。我也舍不得，他们带给了我太多美好的回忆，印象最深刻的一次是：他给了我糖。

他是我们班出了名的“冷面人”，无论对老师还是同学，他都是一副爱理不理的样子。在课堂上，不仅不听课，还制造一些干扰其他同学学习的事件。你惩罚他，他不予理睬；你叫家长，他随便你。对于他，很多老师都拿他没办法。我发现其实他是一个“吃软不吃硬”的学生，我想走进他的生活，理解他。刚开始，我找他谈话，他也不怎么搭理人。你问你的，他做他的，但我没有气馁，我经常找他谈心，跟他谈谈我的生活和感想。慢慢地我发现他变了，他会主动问我一些事情了。有一次我从他身边走过，他还给我糖吃。那一刻，我真的很感动，为他的转变而感动。我知道，要一个人转变并不是那么容易的事，但至少我看到了希望，而且我始终认为，每一个孩子都是天使，他们的本质都不坏。

在与“同事”相处方面，作为实习生的我们，始终要保持谦虚的态度向当地的老师虚心请教。当地的老师也都非常热心和耐心地对待我们这些实习生。我非常幸运地遇到两位认真负责的好老师，像我的地理指导老师，他曾经在新疆住过10年时间，并在新疆和江西当过中学地理老师，地理教学的经验非常丰富。他经常和我分享他的教学经验，会对我说一些注意事项，教我一些教学方法等等。刚开始，看到指导老师严肃的面孔，我还很害怕，不敢与他交流，但慢慢地，我发现他是一位和蔼可亲的老师，无论在教学还是生活上，他都非常关心我。在我的班主任指导老师身上，我学到了如何做好一个班主任。首先在开学前，就应该了解学生的基本情况，如成绩、住址、联系方式（可根据情况做个学情调查）。开学初，应该把班干部名单（因为我班是初一的缘故）、座位表、值日轮值表做好，制定好班规，营造好学习氛围。教师对于学生的管理，一定要严中有宽，宽中有严，宽严结合等。虽然我离开了侨中，但这两位老师对我的影响是深远的。

感谢我们侨中的“战友”，感谢我的学生，更要感谢我的指导老师！

# 我的初中历史教学

政法系 20081722　郑锋源

2011 年 8 月 29 日，我来到凤凰华侨中学开始了为期三个月的支教活动。在侨中，我收获了很多在韩师没有学过的教学经验，提升了我的专业课理论联系实际的能力。

九月份的前两个星期，我的任务是听课，分别到初一初二两个年级去听课。

侨中教室的设备很简陋，缺乏我们常见的多媒体设备，所以这里的老师讲课的时候靠的是历史挂图、黑板、粉笔以及语言表达能力。初二的学生正处于性格的活跃期，这一时期的学生多处在叛逆期，课堂上往往需要花 30% 的时间去管理课堂纪律，这就增加了教学的难度。相对来说，初一的学生刚刚从小学毕业，对初中的一切都充满好奇，所以这一阶段的学生，对于历史这一门学科，应该培养他们的学习兴趣。我那两个星期就是在听课和摸索学生的情况中度过的，之后得知我分配的是初一，有点受打击。教初一，意味着无法给学生更深层次地剖析历史而只能培养学生对历史这一门学科的兴趣。

九月中旬，我开始了在侨中所上的第一节历史课，在这里我遇到两个难题，既面临着学生对历史这门学科的懵懂、好奇，同时也面临着如何在没有多媒体设备的情况下进行这本人教版初中历史的教学设计，这是一项艰难的任务。在接下来的两个多月里，我便是在解决以上两个问题中度过的，在这两个多月中我对初中历史教学有了更深层次的理解。

在侨中的历史课堂上，学生对于历史这门学科的理解，就是认为上历史课就是讲故事。在他们的观念中历史等同于故事，诸如《封神演义》、《三国演义》、《水浒传》、《西游记》等古典名著成为他们眼中的历史。所以在教学初期，重要的是如何让这一门课能够吸引学生，同时又不会让自己陷入讲故事的尴尬境地中。在观念中，何为历史？历史就是知兴衰、明得失，能通过对历史事件的层层解析，最后发现隐藏在其中的历史规律。而如果真的将历史课变成讲故事的话，用我们中国传统的话来说就是“说书人的逻辑”，也就是陈述帝王将相的家事而已。所以在刚刚接手101、104、107三个班级时，每个班上的第一节历史课就是先让他们明白一个基本思想：历史，就是温故而知新。这一点在刚开始的时候学生接受的程度还是可以的。

九月份的后两个星期，因为总共加起来才四节历史课，所以课程任务还是比较轻松的。而从十月份开始，在课程的安排上用指导老师的话来说便是“一个新手都会犯的问题”。每一节课的课程安排都很拥挤，在课程内容上，不但内容安排较多，而且觉得每一个内容都是重点、难点，因此，也就忽视了学生的有效学习时间，造成了学生的疲劳。好在这一点在指导老师的提醒以及帮助下改正过来。十月份的开始，也以《中国历史》这本书开始了它的高潮部分，由春秋战国开始向中国的统一迈进，秦帝国的统一是一个关键的部分，因为考虑到学生并没有任何的文言文基础，在课堂上无法进行古文上的探讨，所以只能设置情景，让学生理解秦朝中央集权制的基本史实。而在郡县制与分封制的对比上，则是通过画图的方式，直观地让学生明白郡县制与分封制的优缺点。

将秦朝的残暴统治作为课前的知识回顾，既可以让学生直接对秦朝暴政的表现作出总结，又可以引入新课——《陈胜吴广诛暴秦》。《陈胜吴广诛暴秦》这节课不仅要讲大泽乡起义，还要讲楚汉争霸，所以在这一节课的安排上我便借用了历史叙事的故事性，利用“篝火狐鸣”、“破釜沉舟”、“约法三章”等成语作为课程内容的衔接，由学生自己利用课余时间，搜集这些成语的资料，作为授课的一部分。一节课下来，学生的反应还可以，但是在学生学习有效时间时间点的把握上我还是有所欠缺。

十一月份的开始，《中国历史》开始了“乱”的部分，不管是三国，还是南北朝，都是多个政权并立。所以在这里面便是要让学生在学习这些基本史实的前提下，让他们明白即使是“乱”，统一的趋势仍然存在，这也是课程标准的要求。在这个月首先遇到的大问题便是《三国鼎立》这一课，学生从不同途径接触的三国历史故事不同，所以他们对三国历史的认知是曹操是奸臣，刘备是忠臣，但他们不知道两者都属于割据一方的军阀。所以在这一课的安排上便是通过对比的方式来讲课的。课程分为两个部分，第一部分是让学生自己来讲，说说他们对于三国历史的理解，三国是个什么样的历史时期。第二部分便是让老师结合课本来讲课，通过课本的史料，将学生印象中的三国与历史中的三国进行对比，让学生从中了解史实与故事传说的区别。

十一月的“乱”与十二月的“成”是有明显对比的，准确来说从十一月底“乱”开始进入尾声，十二月开始讲《中国历史》的成就与辉煌。在这一部分就是让学生了解中国曾经的辉煌。由于缺乏多媒体设备，我只能通过挂图和上课的语言传递知识，给学生介绍中国古代的成就。

支教生活短短三个月，我个人有得也有失，自己的优势在这里得到进一步的发展，但更多的是自己的不足能在这里体现出来，使得我能从不足中汲取经验，不断地完善自己。

# 老师，你没有以前那么喜欢我了

政法系20081712　杨赛娟

自从接手205班以来，我一直坚持着用“爱的教育”去感化他们，一直相信这只是一群缺少关爱的淳朴孩子，给予他们更多的关爱，他们会懂的！事实证明，他们的确感受到了，也逐渐改变了。这虽然只是我“爱的教育”的初步尝试，但他们让我看到了效果，也让我再一次相信“爱的教育”！

在每天的繁忙工作中，我留意到班里一个可爱的小男生——海，这个在班里个子最矮、坐在第一排的男生，是每天早上的语文带读人员，声音洪亮清澈，课堂上经常能够听到他纯真的声音在回答问题，而且他也是一个勤劳的孩子，值日工作不需要监督也会认真地完成。总之，他给我的印象是热爱学习、遵守纪律、懂事乖巧的。

但是，在他长水痘回家疗养一个月回学校之后，这个乖孩子的形象却在我心中慢慢地、一点一点地远离。我逐渐发现，他开始变得叛逆，甚至是放肆。

有一天的课间休息时间，我像往常一样到教室里走动。谁曾想，当我迈进教室时，映入我眼帘的是黑板上几个大大的字“你不配当老师”！我瞬间火冒三丈，怒气冲冲地冲着学生询问是谁写的，当大家都指向海时，他从刚开始的否认到最后默认，这让我更恼火，于是我冲过去揪住他的衣领，呵斥他把黑板擦干净。但是，这个平时乖巧的孩子居然顶了一句：“不是我值日，干吗让我擦黑板啊！”在我的再次呵斥下，他才极度不情愿地把那几个大字擦掉，扔下黑板擦便离开了教室，留下我在那里百思不得其解：一个乖巧的孩子，怎么会突然变成这样呢？

随后的几天，我发现他一直在排斥、远离我。带读语文早读时，只要我站在讲台，他就会立刻往我的反方向挪动，尽量地不要靠近我，而且，也不再像之前那样，经常到办公室或者我的宿舍找我聊天了。我真的不知道这其中的问题出在哪里，只是固执地认为，这个小男生要变坏了。

后来又有一次，语文课下课后，语文老师压住怒火对我说：“海真的是越来越放肆了啊！”这是怎么一回事呢？

在耐心了解情况之后，我才知道，原来海不仅在语文课上肆意吃棒棒糖，而且还在全班起立时直接站在了椅子上，这分明就是在向语文老师挑衅。可是，在我还来不及去找海问话的时候，海居然跑到我身边，很委屈地说了一句："老师，我以后不带读语文了啊！"然后就直接跑开了。这让我更加糊涂了，其中究竟发生了什么事呢？

为何他会在语文课上如此放肆呢？这让我突然联想到他写在黑板上的几个大字，查看了功课表之后，我果然发现，那几个大字是在语文课下课之后写的！我似乎能够猜到这其中的原因了，大概是这个小孩不喜欢语文课，不喜欢语文老师吧！

那天下午，我便找了海聊天。很明显，他还是一肚子的怨气，仍然排斥着我，一直不肯正眼看我。

要如何打开他的话匣子呢？经过思考之后，我决定从带读开始今天的谈话。首先，我肯定与表扬了他出色的带读表现，赞扬他的认真态度与响亮的声音，甚至还直接对他说："如果你不带读，我还真的想不出班里还有谁可以像你做得这么出色！"可以看得出，这个小男孩被我说动了，他把脸转向了我，面对着我了。

接着，我态度鲜明地对他说，"我知道你那天的那几个字不是要写给我看的，因为你根本就不知道我那个时候会走进教室"。他猛地点头，瞬间眼眶红红的。于是我不继续追问他为何要这样做，而是温和地向他说明为什么我当时会那么生气，语文老师又为什么会生气。他没有说话，只是一直低着头在抽泣，我知道，他已经意识到自己的错误了。

最后，他向我承认了错误，本以为这次的事件就此告一段落了，可是他却说出了一句让我震惊的话："老师，我生病回来之后，你就没有以前那么喜欢我了，没有像以前对我那么好了！"

这句话让我瞬间呆住了。仔细回想开学以来的日子，的确，在开学初期，我认真关爱着班里的每一个学生，用心地感化着他们，但是过了一段时间，我便自以为是地认为，表现较好的学生自制能力比较强，不需要我每天啰啰唆唆地跟在他们后面。于是我选择性地忽略了一些学生，海就是其中一个！现在我才知道，学生的心灵是脆弱而又敏感的，他们能够感受到老师的点滴关爱，当然也能够感受到老师对他们的忽略和冷淡。所以，当遇到老师的忽略和冷淡时，有的学生会选择用偏激的方式引起老师的关注，想重新得到老师的关爱，海就是这样的例子。

面对着这样一个小孩，我认真地思考着对策，在第二天的班会课上，我着重表扬了班里的两名带读同学，肯定了他们的工作与付出，还特别带动全班给予他们热烈的掌声。我看到，个子小小的海一直不好意思地低着头。

在接下来的时间里，我努力地让自己做到平等对待班里的每一个同学，重新给予了海关注与关爱，再一次增进了我们彼此之间的感情。

校运会上，我看到了海忙前忙后的身影，我知道，那个乖巧懂事的海回来了……

# 老师，今天您微笑了吗

政法系20081712　杨卿荣

“老师，您的经典标志是一个笑脸！”这是在课堂上我让学生描述每个科任老师的经典之处时，害羞内向的小曾突然抬起满是笑意的小脸蛋小声地对我说的。接着有人附和着：“老师，我们都好喜欢你的笑脸啊！”刹那间，我哽咽了，感动与欣慰油然而生，只觉得心里暖暖的……

小曾，这个小女孩在班里一直是不敢说话的，甚至没有人见她笑过，虽然她的成绩在班里是数一数二的，但她每天只知道认真学习，不善于与人交往，经常独来独往，所以也没有人会靠近她，主动跟她做朋友。

印象中，成绩优秀的女孩总是满面春风的，为何她却不是？经过一番明察暗访后我才知道，原来小曾在很小的时候受到过惊吓，本身胆子又很小，父母早出晚归，很少与孩子相处，于是她经常自己一个人待在家里，也没跟邻居的伙伴们玩耍，久而久之她就变成了一个害羞又内向的小女孩。针对这样的学生，对于刚走上讲台的准老师来说，我有点应接不暇。但作为她的实习班主任兼政治老师，我下定决心一定要让这个小女孩走出自我的小天地，成为一个健谈、活泼的孩子。

于是我开始尝试着让周边的同学主动去找她聊天找她玩，但她三番两次地拒绝了别人，始终绷着脸，不肯开口。正当我一筹莫展，为这个问题苦思冥想时，机遇悄悄降临了。我猛然发现在她的作业本上工整地写着这样一段话：“老师，我喜欢你的笑脸，喜欢你每天冲我笑的样子，我已经很久没笑过了，也很久没看见过这么灿烂这么甜美的笑脸了。”看到这里，我喜出望外……

其实这个小女孩已经意识到她在交往中存在的问题，她也很渴望与别人交往，只是缺乏一定的引导。于是我在她的作业本上写上这样的评语：“老师也很喜欢你的笑脸，希望明天早上看到你的时候也是一张笑脸，好吗？好期待哦。”第二天早晨，我笑意盎然地看着她，但她始终没笑只是一直看着我，好像有很多话要跟我说。

这天放学后，我把她约到办公室里，开始与她交谈，刚开始她只是低着头，简单地回应我几句话，但等我开始跟她讲一些笑话时，她会偷偷地捂着嘴巴笑，看到这场景，我开始拉着她的手语重心长地跟她说："其实你笑起来真的很美，相信有很多人每天都希望看到你的笑脸。只要你愿意，你肯定可以做到的！加油！"她点了点头，转身离开了。

从此以后，我每天都让她看到我的笑脸，也在每次批改她的作业时都画了一个大大的笑脸给她，并在旁边写上"你是最棒的""你可以的"这种类似鼓励的话语，偶尔我还会当着全班同学的面表扬她作业做得很好。慢慢地，班里的学生陆陆续续地来向我反映说小曾变了，她会笑了，而且偶尔还会主动地去跟班里的几个女生聊天了，我只是会心地笑了。

作为一名学生，我能深深地体会到老师的微笑对于每一个学生来说的重要性。于是当我踏上这个讲台之后，我每天都用自己最灿烂的笑容去感染他们。我始终相信微笑具有神奇的力量，微笑能照亮所有的学生，能带给他们温暖；微笑能让教师成为他们倾诉、聊天、求助的"亲人"。

带着微笑上课去吧，让孩子们都沐浴在阳光下；带着微笑上课去吧，让我们享受当老师的乐趣；带着微笑上课去吧，让爱弥漫在孩子们成长的道路上……

# 转变学生，要从了解开始

数信系20081112　谢　骏

开始接触初一（6）班，是从我听课开始的，班里同学上课时不怎么活跃，只有为数不多的同学在听课，很多同学都在闲聊说话，只是在班主任的课上会憋着不说。我在教室后面听课时便注意到了这一点。这些同学中更有甚者，干脆趴在桌子上睡觉，要是老师走过来巡视，便拿起课本假装看书，课堂上根本没有学习到该掌握的知识。

这个问题的严重性是我之前没有预料到的，课后我与该校指导老师进行交流时，他跟我说山区学校这种情况实属正常，这与学生学习程度高低有关，有些学生小学就没有打好基础，也缺乏纪律性，因此来到初中上课时就很容易看出学生素质的好坏。

我个人认为，在凤凰镇的教学中会有学生出现这样的情况，还跟当地的经济发展中的支柱产业——茶业有关。很多家庭都不注重孩子的教育，而是将更多的精力投入跟茶叶相关的商品经济发展中去。家庭中注重教育与否对孩子思想观念的发展有很大影响。刚到这个学校不久，我就被学生诘问道："老师你教书一年收入才多少啊？我们家春季卖茶叶的收入比你一年的收入还要多许多呢！"因此，我觉得，要让学生先了解读书的好处以及读书对一个人成长的重要性，调动起学生的学习兴趣，然后慢慢地引导他们，营造一种健康积极的学习氛围，这样才能带好班级。

课后我积极地与班里同学接触，应该是我和学生年龄相差不大的缘故，学生特别愿意与我接触，我便慢慢了解各个学生的特长、兴趣爱好、学习基础、身体素质以及有没有什么特殊的生活经历等。私下我列了一个表，各自标注。学生会因性格不同或者家庭环境不同而有不同的生活习惯和交流习惯，因此，教师要掌握了解每个学生的特性。这个时候他们又正好处于叛逆期，很大一部分学生会对父母产生这样或者那样的不满。我总是耐心地跟他们说，普天之下没有哪一个父母不关爱自己的子女，慢慢引导他们说出在家父母是如何对待他们的，一点一滴地解释他们父母对他们行为的良苦用心。教师跟学生的交流需要时间、需要细心、更需要耐心，很多孩子觉得自己开始变得成熟了，这也是他们愿意与年长于他们的人交流的原因之一。课后的言语交流固然重要，体育运动方面的交流也可以促进师生相互之间的了解。我尽可能地鼓励他们在下午放学后参加体育运动而不是去网吧或者游戏厅虚度时光。班里很多同学都因此愿意参加体育运动，锻炼身体。我认为这便是带好这个班的第一步了。

正所谓，有好的思想指导才能有好的学习实践。我在接下来的时间会继续引导好他们思想成长，让全班同学在健康积极的氛围中学习成长。

# 支教的感想

生物系 20082312　韦晓君

教育是不可能一蹴而就的。孩子的思想就像广袤的原野，杂草乱生，我只能在有限的时间里，有限地管辖，给予他们适当的引导，割掉或抑制一些有害的思想。

有人说："如果一个教师把热爱教育和热爱学生结合起来，他就是一个完美的教师。"由此看来，只有热爱学生，才会关心他们的成长，才能全心全意地教书育人，才能尊重学生的人格、引导学生成才。谁爱孩子，孩子就爱谁，只有爱孩子的人才能教育孩子，教师应用自己博大的胸怀去温暖每一位学生。

给我感触最深的一次是三班的孩子。可能因为生物课相对于语文和英语等科目，在中考中的分量不是很重，或者因为新任老师是位实习生，最主要是因为我是新老师，驾驭课堂能力不足，所以他们上课不专心，做小动作，故意捣乱。那时候我也曾苦口婆心地说过，狠狠地批评过他们，十八般武艺通通用上了。我失望过，灰心过，也欣慰过，等到实习结束要离开的时候，孩子们挤在办公室跟我道歉，还给我写了一封信。背面几乎有全班同学的签名，里面写着：老师，对不起，我们其实都很喜欢你，在你的课堂上捣乱、气你，不是因为讨厌你……那一瞬间我被感动了，心里像打翻的五味瓶，好气又好笑，委屈又感动，悲伤又开心。有了这三个多月来的磨砺，我已经懂得在越乱的情况下越要镇定，在急躁的学生面前越要淡定，心也学会了淡定，学会了宽容。但是此时此刻，一句真诚的道歉，让我突然觉得所有的委屈都是值得的！同时，我也深深地被他们感动着，这一群可爱的孩子啊……

是的，有时候孩子在我叙述完各项规范后，立马就给了我当头一棒，因为允诺只是在他们的口头上，下一秒他们就有可能做了你禁止做的事情。我会气急败坏，会狠狠憋着气，但是我还是不由得喜欢上他们。这一群既顽皮又天真的孩子，他们每一个都十分可爱，虽然有的可能学习成绩不尽如人意，但他们也是运动会上的冠军，是劳动中的能手，是主动送生病的同学回家的好孩子，谁能说他们不是好学生呢？虽然书本知识的灌输很重要，但是给学生营造一个宽容的学习环境，在鼓励学生的人格成长上，个性发展上，是同样不容忽视的。65个孩子，每个孩子都有不同的气质，每个孩子都有自己的特色，每个孩子都是鲜活灵动的精灵。有时候我拖着疲惫的身体去教室，迎面而来的是孩子们亲切可爱的笑脸，每张笑脸都是那么甜美，那么无邪。这时再想起哪个孩子曾经犯过的错，都觉得很模糊了。有时候孩子会很懂事地做事，让我感动、让我欣慰……每次想到这些，我的心里便会荡起阵阵涟漪……

# 支教，是一道温柔的坎

数信系20081113　邱雪瑜

“坎，一般是指平整的地面突兀地凸起的部分，例如本来一马平川的路面，突然高低不平，高的叫坎，低的叫坷，后来，又延伸到人生之旅的千回百折，起起伏伏，叫做坎坎坷坷。”

一学期的支教生活，对我而言无疑是一道温柔的坎。在侨中，我洒过汗水流过眼泪，曾经彷徨过，也曾质疑过，而最终，当时光即将把逝去过往拍打成苍白时，重温三个多月的生活依旧精彩，感动、不舍与收获都给我留下了可以追寻的足迹。

想象中，支教的地区应当是相当落后的，师资力量奇缺，学生对知识充满渴望。而凤凰侨中，却与想象中的完全相反，当地人种茶叶，每年的茶叶收入都不少，再加上其他副业，当地人的生活水平可谓不低。因而凤凰的学生处在这种环境下，大都不爱学习，因为掌握知识并不是唯一的出路，即使没有工作，他们日后种茶叶也能衣食无忧。我便是在这样的背景之下走进凤凰侨中，接手老师和学生口中公认的很差的一个班——206 班。

第一次听 206 数学课的时候，我便理解了别人对 206 班的评价：上课时几乎一半的学生在睡觉，一些人在发呆，一些人在玩，剩下真正在学习的学生不到十个。所以当我真正踏上 206 班的讲台时，有一种唱独角戏，自演自绎的感觉。课堂上大部分学生都没有听讲，一堂课更是要停下来花很多时间维持纪律。

对于他们的表现我难以置信，也明白若不采取任何措施，接下来的课堂将很难顺利地进行下去。于是每个早读我都找一两个学生进行谈话。课后让一些想学习的学生自行到办公室进行补课，利用体育课与学生多接触，融洽师生关系。在课堂上尽量采用新颖的教学方法让学生感兴趣。经过我一段时间的努力，尽管数学课堂没有像最初期待的那般美好，却也不至于不堪入目，更有学生因我的教学而喜欢上数学。三个多月的曲曲折折、坎坎坷坷，总算有所收获有所体会，以下举几个例子：

案例一：聪明的孩子需要引导

“那是一个很聪明的孩子”，这是我刚开始在206班上课时最初得出的结论。那节课讲的是轴对称图形，为了让学生更加形象直观地感受轴对称，我准备了很多彩纸，在课堂上现场剪出正方形、长方形、桃心形、五角星等图形，学生都表现出浓厚的兴趣。突然有个声音传来：“切，那个五角星是先画好再剪出来的。”说这句话的是发。这句话能从206班的孩子口中说出，我感到很诧异。这个班的孩子都是公认的成绩差，纪律也不好，我理所当然地认为这些孩子都不聪明。而发的一句话却颠覆了我的印象，当其他孩子只止步于好奇的阶段时，发已经找出了缘由，原来普通班也有很聪明的孩子。

然而发在接下来的日子里却没有让我感到欣慰，个子小小的他将这个年龄段孩子调皮捣蛋的特点发挥得淋漓尽致：总是歪曲老师的意思，并在课堂上大声地宣讲出来；上课经常跟周围的同学玩，并且欺负弱小的同学，有一次竟在课堂上直接把圆规插在后桌一个女生的课本上；做作业不认真等行为都让我觉得这孩子辜负了自己的聪明才智。

找他谈话，那是我的第一个做法，可是道理他都懂，只是控制不住自己，想必我也不是第一个找他谈话的老师，自然谈话也没有什么效果。为此我深感纠结，这样聪明的孩子，若肯好好学习，定会有很光明的前途。

后来，我无意中发现发很喜欢羽毛球、乒乓球、篮球等运动，放学后经常在操场上看到他活跃的身影。刚巧羽毛球和乒乓球也是我的爱好，于是我便以运动为媒介，一步一步地接近这个孩子，运动过程中的闲聊无疑将我们之间的距离拉近了许多。

有一次，学校要举办乒乓球比赛，每个班要派一名运动员参加，考虑到发平时乒乓球打得不错，我便决定派他去，可发的态度很坚决，就是不去。跟他讲了一大堆道理后，发明显理亏，声音也由最初的洪亮变成细蚊般的声响。但明显由于面子问题他不肯退缩，最后他说：“我们班忠的乒乓球打得很好，之前还拿过奖，只是大家都不知道，要不叫他参加吧。”我便明白，我已经成功了一步。

但是后来，发上课还是不能坚持很久，对自己感兴趣的会认真一点，可是听了一会儿就忍不住想找人玩。我便与发暗中达成协议：每当他忍不住想玩时我便用眼神提示他，果然在接下来的课堂中，发表现得越来越好，作业也能按时完成了。

案例二：利用网络进行教育

韬让我很头疼。他上课不爱学习，嗓门很大，一出声就能把大家的注意力都吸引过去，可偏偏上课时他总会时不时地说几句话分散大家的注意力。课后我想找他谈话，可每次他都消失得无影无踪。原来的班主任对他进行训斥，他也只是说："老师，你说的我都懂。"但事后却不见有任何成效。

后来我知道现在的学生喜欢上QQ，看空间，我便申请了一个新的QQ号，加了班内一些学生，包括韬。看了他的空间我才知道他的集体荣誉感那么强烈，对校运会那么在乎，自己明明受伤了却一直没有说出来，才知道校运会他跑400米时忍受了很大的痛苦。韬在网络上的表现也跟平时大相径庭，很有主见很敢说。在慢慢地交流熟络后，我再慢慢给他灌输知识的重要性，以及做人的道理，显然他觉得我说的有道理，也慢慢地接受。后来，在现实生活中看到韬，他总是很腼腆不好意思地微笑着，也不再随便捣乱。

案例三：最成功的一节课

实习期间印象最深刻的一节课是上"一次函数与二元一次方程"。上课时，以教材上的例题，让学生计算两种上网计费方式哪种比较便宜。由于网络与学生的生活息息相关，上网费用的计算自然也成了他们感兴趣的题型。那节课学生的情绪前所未有地高涨，班内同学因自己见解的不同自然而然分成两派，一派坚持第一种方式，一派坚持第二种方式。争论的最后结果竟是：认真听老师讲，听完就知道到底谁是正确的。这样的结果让我深感诧异。于是，几乎所有的学生在接下来都认真地看着黑板，听我讲解，也明白两种计费方式哪种便宜要视上网时间而定。对于接下来的练习：计算哪一种电话收费方式比较便宜，大部分学生也都能够很好地解决。

由此也让我想起讲轴对称图形时用折纸的方式展示大多学生也感到很新鲜。数学大多是乏味的数字、字母和图形，若是在教学中，能尽量从学生的兴趣点入手，再慢慢培养学生的兴趣，相信长此以往会有比较好的收效。因此在接下来的课堂中，我也尽量让教学内容导入新颖，使教学生动有趣。

# 教师要用真情关爱学生

政法系 20081722　倪丽欣

热爱一个学生就等于塑造一个学生，而厌弃一个学生无异于毁掉一个学生。教育的根基源自无差别的爱，教师要真心地热爱每一个学生。

桂是凤凰山区的学生，爸爸是茶农，妈妈是被买来的越南媳妇。在他很小时，妈妈走了就再也没有回来，从此姐弟两人与爸爸相依为命，以种茶为生。因为母亲的关系，桂很敏感，常常一副桀骜不驯的样子，对周围的人都很冷酷。初一时桂常常打架，多次违反学校纪律，一度被学校给予停学查看处分。这样的他让老师们很头疼也很同情。

最初认识他时，我并不知道他的身世以及在学校的表现，只觉得他很敏感，同时那双眼睛中又透露出很渴望别人的关爱。他就像受伤的小动物，自己在安静地舔舐伤口，渴望别人的关爱又拒绝他人的靠近。在他面前，我觉得自己应该以亲人的身份来关心他而非老师。在一次周一升旗仪式上，我发现他的腿受伤了而且因为没有及时处理有些红肿发炎。课间操时我问他的腿是怎么受伤的，他倔强地说："老师，别多管闲事了。"我说："一天是你的老师，我就要闲事管到底，来跟我去看医生!"这样，我拉着他去看了医生。在我给他上药时，伤口处已经有点化脓了，轻轻一碰就很疼，可他一声不吭，没有同龄人的娇气，脸上一片平静，眼睛里却有一丝淡淡的忧伤。

从此之后，我们渐渐地混熟了，他也逐渐对我打开了心扉。他常常谈论他的姐姐、他的爸爸，但从不提起他的妈妈，也许妈妈是他心中难言的伤痛。从我们的接触中，我发现他并不是一个爱打架闹事的坏孩子。他只是用冷酷作为面具来保护自己不受伤害。在他面前，我不想以同情者的身份出现，所以我们之间像朋友一样。他也常常来我们宿舍玩，偶尔蹭吃蹭喝，大家都很喜欢他。渐渐地他变得开朗了，做事也不再冲动、鲁莽、意气用事。一个学期下来，他再无违纪事件发生。离别时，我们都哭了，他说他想叫我一声"姐姐"，他答应我以后要变成一个阳光男孩。

感谢这次的顶岗支教，它让我真实地走到了教育的第一线上，教书育人不再是空泛的概念，它渐渐变得鲜活具体。在支教过程中，我收获的要比付出的多很多，也发现了自己的很多不足。这次的支教，这些学生的经历是我大学四年中收获的最宝贵的财富。

# 初为人师遇“刺头”

体育系 20081515 柯溢涵

当孩子们隔着校门送别我们的时候，我才意识到：一学期的顶岗支教实习在我们踏上回韩师的车上宣布结束。支教实习给我们带来的收获不仅仅是教学经验和教学技能，它更让我们提前去适应教师这一职业，使我们懂得作为一名教师除了把课上好之外，还要懂得如何去了解一个学生，怎样与学生相处。总之，这次支教之旅让我收获良多！

当我知道我所带的班级是初二的一个比较差的班时，我有些兴奋，因为这将是对我自己的一番挑战。我怀着满满的信心，去迎接这一轮“战争”。

在跟这个班的班主任沟通之后，我大概了解到这个班的一些情况。例如，哪几个同学是班里的“刺头”，专门带头捣乱。哪几个同学学习比较认真。这些我都一一做了记录，并开始针对这些同学想办法！

印象最深刻的是开学头几天，学校要求以班为单位，测量学生的身高，以便做校服。那天刚好是利用了我的体育课。依照惯例，首先我应该要求他们集合，排好队，然后对他们宣布这节课将为他们测量身高，结果刚宣布完下面那几个“刺头”就蠢蠢欲动了。于是，我对他们说：“只要你们好好配合，量完身高之后，就让你们自由活动。”结果跟我预期的一样，他们真的安静了，也都自觉地排好队。可问题又来了，测量身高，本来是要脱鞋子的，他们居然都不肯脱。其实那个时候，我也想在这个事上，树立一下自己的威严，就对他们说，必须要脱，不然量出来的身高不准，结果全班每个人都不答应，个个都跟我唱起了反调。突然间，我进退两难，答应他们不脱鞋吧，我以后在他们班里还能说得上话吗？不答应吧，可现在的场面他们个个都不愿意。最后没有办法，我只好采取了强硬措施，对他们说：“今天你们不脱也要脱，测量不完，那就别想下课。”下面突然有人说了一句：“那中午饭老师请我们也可以！”那一刻，我真的感觉很无奈，信心也备受打击！然后我叫了体育委员还有班长，我对他们说：“你们是班干部，应该起带头作用，你们先来测量。”刚开始他们还有些不愿意，可能是怕被同学说，或许是不好意思吧！最后他们还是妥协了！第一个脱鞋测量的是体育委员，然后是班长。下面的学生可能看到有人先带头了，立场也松动了，最后还是很不情愿地一一脱鞋测量。经这么一闹，让我觉得，这些学生其实也没想象中的那么坏，或许是处在青春期，有些不好意思，或许只是叛逆而已，最后得出的结论是：他们的本质其实不坏！

通过一段时间的相处，我发现这个班的孩子其实都是很可爱的。只要你主动跟他们走近，只要你是真心为了他们好，他们是能感受到的。让我最感动的是物电系的同学到这里实习结束时的情景。那天下午班会课是给物电系的同学开欢送会，我分明见到了下面同学脸上那种不舍的表情，有些还偷偷地流下了眼泪。我那时明白了，原来，他们是喜欢我们的，只不过嘴上从来不说，而是用行动证明了一切！那一刻，让我想起了我读小学时，当实习老师将要离开的时候，我也曾是那么的不舍！

班里的“刺头”也随着时间的磨合，慢慢地开始跟我接近了。记忆犹新的是：我给他们上第一节体育课，他们当面跟我唱反调，唯恐课堂太平，但我批评教育他们的时候，他们居然给我摆了一副天不怕、地不怕的样子，让我有点哭笑不得。最后有几个通过讲道理才肯配合我，并保证以后好好上课，但有一个死都不肯妥协，还敢对着我吼。说句真话，那时候我也有些火了，但身为老师，我更需要理智。最后我就站在他的面前说：“你可以不尊重我，你也可以对你自己不负责，但你绝对没有权力去剥夺其他同学上课的权利！如果你真想任意而为之！你倒是可以试试看。”虽然这话带了点威胁的意味，但我看到了那个同学的震惊。或许他从未想过一个实习老师可以如此坚定地说出那样的话！当我捕捉到这一画面时，马上意识到是否语气太重了。后来，我把手搭在他肩上说：“要不我们可以做朋友、兄弟，但你在课堂上不能捣乱，下课你想怎么玩都可以。”对于我的突然转变，他有些愕然，不过还是象征性地点点头表示答应。结果从那节课之后，他上我的课还算很老实。课余时间，我也会找他跟他聊天。总的来说，一个学期下来，他变好了，从一个捣蛋分子，变成了一个很安分的人。看到他的进步，我很欣慰，同时也坚定我以后想当老师的决心！

经过这一学期的实习，让我更加喜爱老师这一职业。同时也让我认识到，学生其实没有好与坏之分，关键在于老师怎么去看待学生，怎样去用心关心学生。没有一个学生想当坏学生，只是在青春期的他们，有太多的遐想、太多的叛逆，想要更多的自由和理解！

# 把情感教育作为支点

中文系20081011　陈清梅

一学期的支教实习，收获的不仅是教学经验和教学技能，还有孩子们的成长及回馈于我的爱，但更多的是我对教师这份职业的坚定和热爱，同时支教实习也让我明白了中学语文教学要注重情感教育，把情感教育作为支点。教师要用情真意切来支撑教学的一片朗朗晴空，正如苏霍姆林斯基所说："感情如同肥沃的土地，常识的胚珠就播种在这片土壤上。"

下面，我就从三个方面讲讲情感教育在我教学中的具体体现。

## 激发学生的求知欲

知识灌输型的课堂是我实习前期听课之后所总结的一个词。把知识硬生生地塞给学生，他们消化不了就会"腻"，于是就产生了"厌食"情绪。我清楚地意识到：必须在暗地里发挥我的教学智慧，不要知识灌输型的课堂，要自主学习型的课堂，充分调动学生的学习兴趣。例如《核舟记》这篇课文，传统的教学方式是翻译文本、概括大意，让学生背诵。而我，则通过准备道具，让学生自主阅读文本，让学生自己做"导演"，指导"演员"（由班里两位同学充当）的具体动作，从而使学生在争议中学习。作为教师的我，则在旁边引导、纠正，从而使原本枯燥的语文课变得生动有趣，学生的积极性得以提高。

学生的学习兴趣是多变的、不稳定的，想要激发他们的学习兴趣，则需要采取灵活多变的教学方法。因此在课堂教学中我努力采取灵活多样的教学方法，如实物、挂图、学生手绘图像、音乐等。落后的教学设备对我来说是一个巨大的考验。没有多媒体，我就用优美的语言展现画面，通过创设情境，改变学生的身份与活动空间，从而激发他们的学习积极性，让学生学得快乐！

激发学生的求知欲还要求我不断地鼓励他们，放大他们小小的进步，在课堂上为他们专门设计相对简单的问题，从而让他们体会到成功，分享到成功的喜悦，逐渐提高学习的兴趣。

## 耐心 + 方法 = 孩子的进步

教师总是急于看到学生的进步变化。对于调皮的学生，我们最需要的是耐心，一蹴而就的思想应该剔除，特别是我面对的是初二的学生，其生理、心理都尚未成熟稳定，正处于一个过渡期。因此，我们更要有耐心，更要用爱去感化他们。例如，我所带领的班级里有一位很调皮的学生，上课爱和老师唱反调，爱耍嘴皮子。而通过几个星期的观察，我发现他很尊敬学校口碑很好的老师。得其心是根本，我告诉自己，得其心，则是要让他尊重你。想要让这些调皮的学生尊重你并不是件简单的事，他们善于观察你的一举一动，在课堂上试探新老师的为人处世，如果我们公平地对待每一位学生（不止是他们），处理每件事情都能考虑到全班同学，而不是专断地按自己的方式来做，那么他们自然而然会对你产生极大的敬意。一段时间后，我得到了他们的认可，他们每次见到我都会甜甜地叫一句“老师”。当然，这段时间，我并不是刻意地去表现什么，这些都是自然流露的。

教育学生需要方法，一味地斥责并不能从根本上帮助他们。我们教师应该少一些“你不能做什么”，而是多一些“你可以怎么做”，因为这个年龄的学生判断能力较差，需要我们用正确的方法去指导他们。记得有一次在课堂上我强调“素”字是“朴素”的“素”时，那位调皮的学生用怪异的声音插嘴了：“尿素、吃素。”全班哗然，而我，只是莞尔一笑：“看来××同学在农业，对吃的方面积累的词汇不少。”他害羞地低下了头。每一次他影响纪律，课后我都会耐心地教导他。有一次我把他叫到办公室，让他朗读《我的战友邱少云》，并说说他的感受，他认识到了自己的行为对班集体的影响并主动要求我监督他改正，而我也没有要求他一下子能有大的转变，只希望他每天都能进步一点点，他爽快地答应了。要学生进一步，老师有时候需要退一步！

## 除了爱，还是爱

学生并不是感受不到教师对他们的爱，实际上，我们真正爱他们，为他们考虑，做一些实际性的事情去影响他们时，他们都知道。一位学生在其他同学都做笔记时东张西望。我带着提醒的口吻对他说：“××同学，大家都在做笔记，你呢?”随后他拿起笔，整节课认真地做起笔记来。我们要疼爱学生，而不是训斥学生。在实习期间，我时刻关心学生的冷暖，关注学生每一个阶段的表现，鼓励或监督他们，必要时则会家访。校运会训练期间，我会陪伴他们一起跑步训练，在此期间，我对他们的了解也逐渐增多，年龄相差不多的我们更像朋友了。教师爱他们，是行动上的，我发自内心地为他们每一次的进步而激动。我在校运会上为他们欢呼、为运动员安排后勤人员等。记得有一次我和学生谈心时发现自己一个小小的行为都会使他们更加喜欢我。那天，我错过了回凤凰的公交车，在山脚下的我十分着急，因为下午有一节语文课（请假回家，已经答应他们那天下午肯定会来上课），眼看快十二点了，我做了一个非常疯狂的决定：坐摩托车！坐将近一个小时的摩托车过山路，山路的陡峭和危险，现在想起来仍心有余悸。他们对我说："你那一次让我们对你的印象更好了！"是的，我爱他们，所以才会那样做，而他们都看在眼里，记在心里。为了能实际性地提高班里同学的成绩，我指导他们制订计划，还开了英语和数学补习班，尽管很辛苦，但我还是很开心。

记得有一次，班里的期中考试语文成绩出来后，"班里的语文成绩进步很大"，指导老师语音未落，班里绝大部分学生转过头对着站在后面的我说："是老师教导有方。"欣喜、感动、温暖满溢我的心头。我过生日时他们给我的惊喜，还有离别时他们眼里噙着的泪水，这些都一直感动着我，成为温暖我一生的回忆。

这次支教实习我得到最大的收获是：用心去爱的人能得到加倍的爱，在教学中更是如此，因此我们在教学中一定要注重情感教育。

# 第一次上课的尴尬

政法系 20081721　陈小燕

转眼间，在东山中学支教的时间就结束了，至今我还清晰地记得自己第一次上课的情形。

在东山中学，我上的第一节课竟不是我的专业课，我的专业是历史，而我第一次上的是政治课。政史不分家，或许没有多大的关系吧。

那是刚到东山中学，教初二政治的涂老师刚好有事，临时叫我去帮他代一节课。记得那一次课上的是“走出自卑，树立自信”。因为我还没有上讲台的经验，又是非专业课，我心里忐忑不安，一直在想怎么就冒然答应下来了呢，要是上得不好怎么办？上课铃声无情地响起，我拿着课本惴惴不安地来到 802 班教室。刚进教室，学生们就鼓起了掌，这热烈的掌声消除了我紧张的心情。此时，我迅速地调整心情，面带微笑走上讲台。向学生讲明我是代课老师后，就要开始上课了，但是台下的学生却不愿意了，很多学生开始起哄。

“老师，你还没介绍你的名字呢？”

这是我的失误，那好吧，我就跟他们简单地介绍了自己。正当我要开始上课的时候，学生又躁动了。

“老师，你怎么那么矮呀？”

这算是人身攻击了吧？但对于这个问题，我已经是千锤百炼，因为我经常因此被人开玩笑，所以这打击不了我，我很淡定地回答：“这是基因问题，咱们课后再探讨。”怎料，学生还是不依不饶。

“老师，你还没告诉我们你的 QQ 和手机号码呢？”

呃，这就是 95 后的学生？顿了一会儿，我灵机一动，笑着对他们说：“你们是不是对我很感兴趣呀？”

“是！”

还好，没有让我下不了台。接着我又说：“那我们就先把课上完，大家认真地听，早点上完新课，如果有时间，你们再来慢慢了解我，好吗？”

“好！”

说完，所有学生都拿出课本和笔，准备认真地听课，看到他们的表情，我的心情也大好。这些学生还是很可爱的，我紧张的情绪也早已消失了。

接下来上课，学生果然都很认真，也很配合，对于我提出的问题也踊跃回答，要他们陈述观点的时候他们也能积极发言。这节课，我还是发挥了自己的专业优势，引用一些历史事件和历史人物来阐明观点，让学生来评价人物从而掌握知识点。

这一节课总的来说还是成功的，学生配合得很好，课堂气氛也很活跃，布置了涂老师交代的课后作业。

在离下课前的几分钟，我应学生的要求，跟他们一起聊天。因为我是新老师，对他们来说有种新鲜感，我理解他们，所以就跟他们聊聊，这也加深了学生对我的印象，虽然我以后不教他们，但是一节课也足以让我们建立感情。

记得刚到东山中学的时候，涂主任说了一句话让我印象深刻，他说："乡村的教师是万能的，什么科目都可以教。"当时听了这句话我挺震撼的，看了学校的情况也确实如此。教了十几年语文的老师突然被安排教地理了，音乐专业的老师也可以教历史……是的，现在大学毕业生都不愿意到农村，导致农村教师紧缺，专业对口的老师更是严重不足。所以哪些科目缺老师了，只能叫其他专业的老师顶上，这也加大了老师的压力，毕竟不是自己所学的专业，之前也没有从事这个科目的教学，所以教师必须自己去学那些知识，才可以教学生。第一次上课我就深刻体会到了他们的艰辛，乡村的教师，你们辛苦了。

第一次上课，虽然不是上自己的专业课，但也给我印象深刻。这一次课也给了我很大的信心，使我克服了上台的紧张，很感谢涂老师给了我这个机会，更感谢 802 班的学生给我这么大的鼓励。

# 我的班级管理

物电系 20081212　赖叙志

班主任是学校管理中的一部分，是班级管理的核心引导者，对全班同学的思想品德、言行举止和学习生活都起着非常重要的示范作用。班主任工作烦琐复杂，要想做好班主任工作，没有爱心、信心和耐心是绝对不行的。因此，一个优秀的班主任必须具备高尚的品德、很强的责任心和不断进取的精神，还要善于发现学生的闪光点。

全是一个好动、散漫、认错态度极好，但记性特别不好的小男生。这位看似貌不惊人的小男孩，却是我工作中的一个大难题。学习对他来说很无所谓，由于基础差，所以不管什么文化课他都不学。他上课无精打采，要么做小动作（拿小刀割桌子），要么影响别人学习（拿石子丢别的同学、辱骂他人、写字条……），提不起一点学习的兴趣；下课追逐打闹，喜欢动手动脚，喜欢骂人；不做作业，即使做了也做不完整，书写相当潦草……几乎每天都有学生向我告状，可是他却狡辩不承认。不理他的那几天，他便变本加厉地闹起来！此时，我觉得逃避不了，必须正视现实！于是我每天巡堂，抓他个现行……

谈心，这是做学生工作必备的法宝，也是在班级管理过程中必不可少的环节。我决定要改变他，让他一点一点地改变自己。于是，我找他谈话，希望他能遵守学校的各项规章制度，以学习为重，按时完成作业，知错就改，争取做一个父母喜欢、同学喜欢、老师喜欢的好学生。他虽然口头上答应了，认错态度极好，但知错不改，一如既往地犯错，毫无长进。此时我的心都快冷了，算了吧，或许他真的是“不可雕的朽木”，但我又觉得作为班主任，不能因一点困难就退缩，不把他管好会影响整个班集体。我心想：不改变你，我誓不罢休。

第一步：调位置，让班干部坐在他周围。第二步：让班干部记下他种种坏习惯。第三步：让他知道自己错在哪里。第四步：写检讨，并让他写出下次再犯该怎么处罚，每个坏习惯都对应着一种处罚方式。经过一段时间，我发现这位同学认错态度极好，给他讲道理他也听得进去，但通常是左耳进右耳出，处罚过后他会改正，但是坚持的时间就一天，第二天又忘记了。我每天像打地鼠一样，把他的坏习惯打进地里，可是没几天从另外一个地方又冒出来。正当我拿他没办法的时候，全由于自身原因被打，又闯祸了。

有一天课间，全与班里的海玩耍，海轻轻地打了全一下，隔壁班的一位同学看见了说："打大力点嘛。"全说："你敢打我吗？有本事你就打我胸部啊。"结果那位同学就在他的脸部打出了一块淤青。教务处知道了此事，让他们把这件事的来龙去脉在课间操的时候告诉全校同学，并处罚了隔壁班打人的同学，通知了双方的家长。我趁机跟全的爸爸谈了许多，我们达成了共识，决定里应外合地帮助全改掉种种坏习惯。

通过半学期的努力，全能遵守学校的各项规章制度，上课也开始认真起来，作业不仅书写工整而且能按时上交，各科测试成绩都有明显的进步，与同学之间的关系也改善了，各科任老师都夸奖全。经过这段时间的摸索，我明白了教育并不只是学校、老师们的事情，教育的顺利开展和孩子的进步还需要家庭和社会的配合。学生有被认可和被肯定的需要，他们在意家长对他们的看法，在意同学之间的评论，更在意自己的闪光点是否得到了班主任的认可。至今我仍深深地记得我校一位老教师说过的一句话"表扬要点名，批评不点名"，只有这样才能更好地开展班主任工作，才能与学生建立良好的师生感情，才能进行互动式的交流与沟通。

# 我的知心“爱人”

生物系 20082312　曾丽燕

自己不经意的一个动作，却让她记住了我，也因为一次不经意的谈话让她如此信任我。

——题记

一天放学，我闲着无事，便想到 901 班看看大家，顺便和大家一起跑步。在宿舍楼梯转角我遇见了她：“老师，你有空吗？能不能陪我散散步。我自己一个人在操场走了好几圈，感觉自己像傻瓜一样。”面对这张可爱的笑脸，我微笑着说：“行。”

我俩漫步在操场，听着她讲述班里的趣事。突然，她问道：“老师，你还记得我们的第一次见面吗？”我还真的不知道，她是 704 班的，而整个东山中学，就 703、704 班我没有上过课，似乎没有交际才对。“老师，你还记得前两个星期你帮一个女生找宿舍老师拿宿舍钥匙吗？那女生就是我呀！”“记得有这么件事，但忘了是谁。居然是你，呵呵。”“我当时就觉得你是个很关心学生的好老师，看我背着书包还叫我去办公室休息。从第一眼看到你就很喜欢你了。”听到她这么说，我心里挺开心的，我真的没想到当时自己的正常反应，却让孩子记住了萍水相逢的我，也因为这次散步谈话，她就这样“爱”上了我。

以后的日子，她总爱找我聊天，渐渐地我对她也有了一定的了解。因为家庭（单亲家庭）的原因，她是一个自尊心特强、特敏感的孩子。因为她的性格和家庭，她总觉得大家都看不起她，总觉得大家都在背后讨论她，她和部分舍友相处得也不是很融洽，甚至与同床的同学发生了矛盾。她说自己没有一个可以交心的好朋友，放学总是一个人待着，讨厌回宿舍。期中考试考得不太理想，她居然想退学。

面对着这个孩子，我感觉她的内心似乎承受着巨大的压力。或许因为一些原因，让她无法看清自己所作所为是对还是错。每次我都会耐心地听她讲完，然后再帮助她分析原因。让她明白遇事要先学会反思，想想是自己做错了还是他人做错了。和舍友相处要学会包容，24 个人住在一起，总有性格不合的，总会遇到一些不开心的事，忍一忍就过去了，笑一笑就忘记了。真正的朋友需要你打开心扉去接受她们，而不是将她们拒之千里。如果朋友之间出现矛盾不好意思当面说，可以写信告之，而不是互相猜疑。一次成绩能代表什么，你现在才初一，你以为你退了学就可以帮妈妈减轻负担吗？你以为你现在去打工就可以照顾妈妈了吗？如果你退学，你对得起为你放弃学业的哥哥吗？孩子呀，打工生活并没有那么简单，再说你还是班里第三名，你真的有那么差吗？

每一次她都是红着眼睛来找我，让我不安，很想帮助她赶快走出心中的困惑，但没有那么简单。说好了，下次见面不许再哭了；说好了，要坚强地面对一切困难；我们的约定你是否记住了。

“老师，我每次都这样找你诉苦，您是不是觉得我很烦？”

“这说明你信任我。”

“是。老师，你是我在东山中学最信任的人，因为你，我觉得东山中学有了让我留恋的人，我从开始讨厌学校变得有点喜欢。”

“老师，我觉得你就像上天派来的天使，专门给身边的人带来幸运的！能认识你是我来这个学校最开心的事。”

“老师，你们要离开了，那我怎么办？东山中学里连我最爱的人都走了，那我以后找谁说心里话呀？”

她是那么信任我，我也看得出她现在懂事了很多。孩子，其实东山中学有很多可爱的人，只是你没有发现；有很多可以交心的朋友，只是你们还不了解彼此；有很多值得你怀念的东西，只因为你才上初一。

她需要的是一种关心，她因为家庭而感到自卑，她需要一个人开导她，需要一个人为她指明道路。

老师的一言一行似乎都被孩子看在眼里，或许你一个动作可以改变一个人；或许你一句话可以让他醒悟；或许你一个眼神就可以让他兴奋不已。

“勤教力学，为人师表。”韩师校训，铭记于心。

# 辍学的孩子

旅管系20082711　林　萍

因为指导老师外出学习的原因，从10月国庆节回来之后到11月初，整整一个月的时间里，我几乎从一个助理的班主任，荣升为一个不折不扣的全职班主任，也因此，我有机会进一步地走近我支教实习中学804班的72个孩子。不过，刚接手不久，就有两个孩子，几乎是悄无声息地离开了这个班级，匆匆地投入求职打工的人潮中。

在处理他们的辍学办理事项中，我终于切身地体会到孩子成长的无奈、烦恼以及这个年龄段的青涩懵懂乃至顽固倔强。

## “无用武之地”的男生

19号的男生，悄无声息地离开班级，搭乘公车回家，铁了心跟着死党出外打拼。他的突然离校，让所有科任老师以及内宿老师都吃了一惊，“这孩子平常都很安分的啊，从来都没有犯过什么错误，怎么会突然之间做出辍学的决定呢”？而内宿老师的一句话，似乎解答了所有老师的疑问：“或许就是太乖了，太默默无闻了，太没有存在感了，一个男孩子，如果感慨‘英雄无用武之地’时，他会选择去一个陌生的世界打拼，怀抱着一腔热忱外出闯荡世界，或许也就是情理之中的事情了……”

一通电话，我同家长一联系，便真的验证了这个说法。学习成绩不突出让这个小小男子汉很是迷茫，学习的热情也就十分有限，加上一直以来没有及时得到老师的指导，他越来越觉得学习是件可有可无的事情。多年玩伴的怂恿和母亲一直以来目光短浅的认知和变相的鼓动，终于促使这个孩子打定主意辍学，坚定了他离开学校的决心。

作为一个班主任，我打电话询问，但这孩子在说明“决定要辍学”后，便果断地挂了电话，我再次拨打，已无法拨通，完全关机。我要家访面谈，但一来是因为无法放下学校相关的教学任务，二来这孩子态度强硬，强烈拒绝面谈。最后，没办法，我只能把相关的情况与问题反馈给家长，由家长自行与孩子沟通。幸运的是，这孩子的父亲对于读书的重要性还是有着较为正面的认识，作为家长，他也意识到这件事情的迫切性，辛辛苦苦为了孩子打算辍学的事情放下工作，大老远地从外地赶回家里，但是，不幸的是，沟通完全无效。无奈的一个电话打来："老师啊，没办法了，他是吃了秤砣，铁了心，打定了主意要出来打工，是怎么也劝不动的……"电话里头的无奈与辛酸通过电波，强烈地震颤着我，一个不到十五岁的瘦弱的男孩子，他出去打工可以干什么？但是他这样信心满满、斗志昂扬，一副不撞南墙不回头的态势，我一个陌生的、他认识不到一个月的人，能挽回他么？能说服这样一个固执的孩子，能动摇他苦心作的决定么？我不想承认，但不得不承认："我不能！"

当这孩子乐颠颠地像一只逃出牢笼的鸟儿那样，满怀兴奋地奔来学校，急切地要我为他办理退学手续的时候，我的心更是彻底地凉了个透彻。无奈地看着他开怀地告别，麻利地打包行李……待他做完这一系列工作之后，看着神采奕奕的他，我只能跟他说："既然这是你自己作出的选择，希望你以后不要后悔。记住，真正的男子汉要有担当。祝你好运……"

目送这孩子离开，看着他骑着车子，载着行李，开心地迎着阳光奔向家的方向，望着他越来越远的瘦削的背影，我几乎要掉下泪来。所有的语言都失色，我整个脑子里充斥着的唯一一句话便是"孩子，愿你一路平安"……

## 迷惘的女生

送走了一个受困于"英雄无用武之地"的男生，一个星期不到，班里头的一个女生也暗自作着出走的准备，终于在一个晴朗的星期三下午坐上了南下的班车。她和同桌两人，私下找好了工作，一切准备工作都已就绪，最后的一个阶段，她果断罢课在家作最后的修整，静待南下的班车再次出发……

这群孩子，每一次都是这么"不干则已"，一旦有什么举动，都是如此的惊人之举。全年级所有的科任老师都没有察觉出这个女生的不对劲，她几乎没有露出任何破绽，在星期三早上，还安心地做作业，自觉地补交星期二漏交的物理作业；乖顺地背诵英语课文；在数学课上专心地赶答试卷……一系列的行为，都没有表现出准备下午旷课找工作的破绽。

而不巧的是，下午的时候，家里唯一的家长——年迈的奶奶刚好有事外出，不在家。等到最后同家里联系成功的时候，她已经安分地赶回家，乖顺地赶着做饭，给出的答复是"今天下午不舒服，家里又没有家长在，所以，没及时地告知班主任"。理由正当，全然让你无话可说。

一眨眼的工夫，次日早上，她再次不来学校。同桌两人一齐再次病倒?!绝对不可能。察觉出异常后，我只能在课后，拼命地拨打这两个孩子的家庭电话。在几近按爆了家庭电话的号码之后，仍未能顺利接通，我只能联系家长，告知他们这两人旷课的事实。

经过一番努力，一个女生顺利地回归班级，一通谈话下来，才知晓了两人的“惊天秘密”——68号女生已准备搭乘星期四下午南下的班车到外地就职上岗!

一看时间，已经是下午两点半（学生下午第一节的上课时间），我赶紧拨打她家的电话，她奶奶接听了电话，哭得哽咽连连，无奈而气愤地告知我：“老师，她已经走了，搭了车子走了……我跑到后头追着赶着，死命地拉着扯着，但她还是头也不回地走了……”将近一个小时的电话里头，听着一个年迈的老奶奶抽噎着跟我诉说了自己几近一生的无奈与凄苦，而我唯一能做的，只能是一边理智地分析现状，一边感性地劝慰。将近一个小时的电话诉说，让我进一步了解了一个农村老妇人的无奈和悲苦。在挂断电话的前一刻，老奶奶还一个劲儿地道谢：“老师你关心孩子，你是好人……孩子不听话……”其实，我是多么的心有余而力不足啊，奶奶……

再一次，我无奈地宣布，我的又一个学生，一个女生，她以更加强悍的方式选择了离开，不加只言片语的说明，静默而决绝地离开了，不再回头。

对于回归的她的同桌，我只能在我力所能及的范围内努力夯实她留下的信心和理由，帮助她树立学习的信心和恒心，给她一棵苗子，让她自己栽培出一棵郁郁葱葱的、想学的、好学的、理想的、导航的大树。

下午放学的时间，我找来了这个女孩，我们面对面地坐在一起，在一个没有旁人的角落里头，像朋友一般地分析问题、探寻方法解决问题、明确方向、展望未来……

“你有没有什么理想，想过将来长大了要做什么么？当个教师？发型师？服装设计师？还是……”望着这个孩子清秀的脸，我细细地列举着我所知道的各个行业的名称。“我长大之后想开个美容店。”之前低着头的她，这时候终于抬起头来，直直地望着我，眼睛炯炯有神，似乎真的到了美梦成真的那天。还好，这个孩子终于开口说话了。拥有理想的孩子是多么纯真、多么勇敢啊。顺着她的话，我们一起仔细地分析了开美容店的各项所需。

心一旦敞开了，话题自然也就像撒开的网。几个来回之后，她自己提到了必要的一点——经营头脑和营销策略。看啊，有理想的孩子其实都是这么聪明能干。穷讲道理的空话，我想说多无益，到了这里，她自己知道了知识的重要性，我这时候只要适时地给她一个对比，辅助她进一步坚定对知识的正面性认识即可："女孩子都爱美，你同桌现在外出打工了，知识素养不高，做的工作顶多就是一个车间女工的工作。成天灰头土脸地埋头苦干，月收入多高姑且不说，人也衰老得快。加上她年少无知，一不小心受了社会青年的蛊惑，被娶回家当了煮饭婆，再一不小心，二十不到就当了一个孩子的妈，自己都来不及好好地臭美一番，想买的衣服还没买，想用的化妆品还来不及用，就已经成了一个成天把屎把尿的黄脸婆了。"说这些话的时候，她时而点头，时而咧嘴一笑，时而插嘴补充自己日常生活中听到看到的具体事例，一次谈话下来，她想学的决心也开始长根冒芽。

根基打下了，必须得到周围环境的促进才能真正地扎稳根基。针对这个问题，我只稍微再点了一下，她自己立即细细地分析了日常学习生活中存在的困扰问题。最后，针对她提出的座位问题，我给出允诺，表示将适时地帮助她进行安排和调剂，当然，这个在不久之后便具体实施。

"改变需要时间，但自己必须有良好的毅力。人，总应该坚定执着于美好的未来，并踏实地从现在开始一步一个脚印地用心打拼。老师相信你能真的实现你的梦想，你也要给你自己信心。"最后，看着她带着笑脸离开，望着她飘逸的长发，我知道，我应该给她一些时间，静待她的成长和改变。

在以后的相处中，她让我更加坚定：孩子的成长，是需要鼓励与等待的。当一个孩子已经明确了目标，立下了决心，教师请给她一些时间，不要揠苗助长，急于求成。在她迷失道路的时候，给她一些提醒；当她气馁的时候，给她一些鼓励。孩子，我看得见你在努力，你要坚持，未来是那么美好。老师相信你能行！

# 人在东山，支教有感

化学系 20081312　彭绍英

## 一、只有备好课，才能上好课

记在东山中学，我担任初三 3 个班化学课的教学工作。刚听了一次课，指导老师就让我上台讲课。记得当时我很紧张，课前也没有做好充分的准备。所以第一次课上得怎么样，可想而知。由于紧张和对教材的不熟悉，我的语速不自觉很快，眼神也不敢和学生交流，课堂时间也不能够很好地把握。虽说是上课，但总觉得是在“背课”。记得后来有个学生告诉我：“老师，我记得你第一天向我们大家做自我介绍的时候，你的眼睛都是看窗外的，讲课的时候语速好快。”

吃一堑长一智，经过此次教训之后，我深深地明白，只有备好课，才能够真正地上好课。没有备好课，没有熟悉教材，没有做好相关的准备，是很难自如地控制课堂的。明白了这个道理之后，我花了很多时间来分析、熟悉教材，并参考了大量的课件、教案，以及其他的参考资料等，做好课堂实验的相关准备，将写好的教案交给指导老师修改。经过几次上课，我已经能够自如地把握课堂时间，而且从容地上好每节课，孩子们也越来越喜欢我的课堂。

由于我教的是化学，特别注重实验。做实验能够激发孩子们学习化学的兴趣，提高他们的课堂注意力。所以，我要求自己一定要在实验上多花些时间和心血。记得第一天刚去东山中学的时候，看到实验室有很多仪器和药品都没有归类，找器材都很麻烦，很多仪器也没有清洗，所以我花了很多时间和精力来整理打扫实验室。由于学校的设备比较差，很多实验器材学校都没有，我只能自己亲手做或者亲自找，而且我也会在上课的前一天先去实验室把实验所需的药品、仪器找齐，自己先动手做一下实验，保证第二天课堂的实验能够顺利进行，也是为了让学生更直观、更形象地学习化学。虽然这样做很累，但是看到学生喜欢上我的课，心里就有一种说不出的幸福感。

这些都是我在上课之前做的努力，我知道只有先备好课，上课时才能够把握重难点，才能够合理分配课堂时间，才能够使每节课既丰富又精彩，才能够自信从容地为学生讲好每一课，才能够吸引学生的兴趣。记得后来有位女生写了封信给我，里面有段话是这么说的：化学老师，记得第一天上你课的时候觉得你好紧张哦，看你做实验的时候手都在抖，感觉不是很熟练，可是不知道为什么后来越来越觉得上你的课好有趣，很容易懂，我们都很喜欢你的课，是你带我走进了化学这个奇妙的世界。感觉你每次为我们认真地做实验，就好像一位魔术师一样，但是我知道你一定也为此准备了好多，付出了好多。谢谢你，可爱的化学老师。因为你，我越来越喜欢化学了。化学，是我最喜欢的科目。

听着学生说着我的进步，听着学生说喜欢我的化学课，看着学生的进步，我心里真的感到由衷的开心，不论在备课、准备实验上付出多少时间和精力，只要能够让孩子们喜欢化学，学好化学，我就真的很幸福。在以后教师生涯的道路上，我也会时刻提醒自己“只有备好课，才能上好课”！

## 二、爱和沟通是最好的教育方式

教育的方式有千千万万种，但是在我的教学实践中，我觉得爱和沟通是最好的教育方式。我是903班的副班主任，这不是一个容易管理的班级，换句话说，在所有的老师心目中，这是一个无可救药的乱班。

我也领略到了这样一个乱班的“风采”。听着一个个老师说，这些孩子上课的时候说话的说话，睡觉的睡觉，有些甚至还在课堂上下棋，认真听的没几个。有时候真的觉得很头疼，更多的是一种失望。特别是有一段时间，班长上课老是说话，副班长上课老是睡觉，其他一些班干部对班里的事情也爱理不理。这真的不是一个班集体，而是一盘散沙。我觉得这与班干部没有发挥带头作用有很大的关系。

我了解了事情原委之后，私底下会找班干部还有其他一些同学聊天。就拿最典型的一个孩子来说吧。刚开始的时候，副班长雄真的是一个让我觉得又恼又恨又无可奈何的男孩子。他不仅在其他老师的课堂上睡觉，刚开始的时候连我这个副班主任的课也敢睡。一天6节课，他加起来可以睡5节课，他可以从早上的早读课，一直睡到下午的最后一节课。有时候，我也会调侃他：睡睡睡，一辈子都被你睡过去了。除此之外，他的作业也不做，每次作业未交名单里永远都有他的名字。我找他谈过几次，软磨硬泡，都没有用，他永远都是一副无所谓、满不在乎的表情，有时候真的让你有种动手揍他的冲动。

但是几次下来，特别是家访后，我跟包括雄在内的几个孩子一起去爬山，一起聊天，回来后慢慢地发现他变了。我开始慢慢地关注他，他上课睡觉少了，作业也按时完成了。有一次，我在QQ里找他聊：“雄，老师觉得你最近变了很多哦!”他回我：“呵呵，是吗？是变好了，还是变坏了？”

“呵呵，变乖了!”我回了过去。没想到，他发给了我一个很开心的表情。之后他跟我聊了很多。聊他以前怎样，聊他的心事，聊了好多好多，感觉我们就像朋友一样。他说从来没有老师像我这么有耐心地跟他聊天，也没有老师像朋友一样跟他玩在一起，那么用心地去关心他。他说他能感觉到老师的关心和用心，自己很感动也想改变一下自己，让自己不要再这么任性了。通过这件事情之后，我发现雄真的不像别的老师说的那样是个“小魔鬼”，其实他也有很多优点，他篮球打得不错，热心善良，上课也越来越认真了。

是的，教育的方式，有千千万万种，但是我认为“爱”和“沟通”是最好的教育方法。教师只有与学生交朋友，充分了解学生，才能更好地开展教学。我真的很反对那种简单粗暴的处理方式，也很反对以成绩去评判每个孩子的好坏，其实每个孩子身上都有属于他们自身的闪光点，教师只有走近他们和他们交朋友，才能够更受孩子的欢迎。反过来，孩子们也会更喜欢我们的课堂，也会更认真听我们的课。所以，我在课堂上会严格要求学生，但是课后却跟他们是好朋友的关系，跟孩子们一起玩，一起闹，一起谈天说地……

# 实习随笔

旅管系2008271116　陈纯耿

## 调皮的学生

在凤凰，我教的是初二地理。第一次听课时，我也搞不懂，老师为何总是强调纪律，自己亲自上几节课后才深有同感。那些小家伙，真的很调皮捣蛋，让人不得不强调纪律。有一次快放学了，教室里满是拍桌子的、摆着手嚷嚷的、站起来叫着的、抱着书包等待的，该算是“既礼貌又文静”的最佳表态了。我不知道自己当时具体有哪些感想，茫茫然好像置身于“五四”那样的学生运动中，只是口号变了，成了“老师，下课了。下课了，老师”！

除了学生难管点，其他都好，山好水好朋友更好，吃多睡多喝茶也多，算有福气啦，回来大家都说我发福了。

生活，不管怎样，有个盼头，就过得去吧。

2011年9月28日

## 韩师领导看望我们

雨还是静静地下了一整天，从迷蒙蒙的早晨，到昏沉沉的夜幕，天都是阴沉阴沉的，像疲倦无力的老人，仿佛就要睡去。

然而，就是在这样阴沉的天气，韩师的领导们来到这偏远的山区，给我们送来了许多温暖。

座谈会上，庄院长的话很亲切、很有味道。“当个好的老师真的不容易啊！”她的这句话让我想了很多。

是啊，当个好的老师真的很难，这不是备好课上好课就行了，我们要用心去关爱学生的各个方面，努力使他们健康快乐地成长，这需要我们全身心地投入。不过我想，在艰辛的后面，会是无比的甘甜。就像卿荣所说的那样，“这里的孩子虽然调皮捣蛋、很难教，但是当我们真心对他们好，用心去教时，我们能感受到他们都懂得，会渐渐地听我们的话，这使我们都很欣慰”。

在领导们中间，有一位身体消瘦却很有书生气质的处长。这是我第二次见到他，也很仰慕他。他说，“没有对教师职业的热爱，教学技能也很难达到一个较高的水平，就这次实习而言，培养我们热爱教师职业的情感，要比提高教学技能重要些”。这段话让我恍然大悟，受益匪浅。我为什么要来这里实习？这次实习，我要去收获什么？到今天，我才真正弄懂。我本着当教师的梦想，来这里收获梦想的果实。

2011 年 11 月 9 日

## 有点佩服、羡慕嘉欢

感恩节刚刚过去，要是在往年，我可能不会对之如此地注意。

嘉欢和我都来这里支教半个多学期了。在此期间，嘉欢真的为她的学生付出了很多。从备课上课到批改作业，无不认真仔细。而且在课外，嘉欢花了大量的时间找学生谈心，关心学生的课外生活，已经亲自家访过好几次了。特别是在学校里两位地理老师去韩师学习的那一段时间，嘉欢一星期要上十四节课，有时一天要连续上四节课，这对于一个第一次步入学校实习的学生来说，真的是一件很辛苦、很具有挑战的任务。她那因缺乏休息而憔悴的脸，让人看了都难免有点担心。可她依然微笑着，她愿意付出，愿意献身于自己的梦想。是的，成为一位优秀的教师是她的梦想。

而我，在嘉欢面前，真的有点相形见绌，因为我不够用心关心学生。就因为这样，在感恩节那天，我没有收到学生感谢的言语，而嘉欢收到的是沉甸甸的爱。当我看到一张普通的纸上，满满的都是班里每个学生写的“感谢您”三个字，不禁让我感慨万千，我可以感觉到：嘉欢收到时，一定流出了幸福的泪水。

老天最终还是公平的，一分耕耘，一分收获，付出爱，最终也会收获爱。嘉欢让我坚信：只有付出，才有收获，对待学生是这样，对待爱情、亲情、友情等方面，都是这样的。我总是期待没有付出，就能收获，现在看来，才知自己是何等的无知、幼稚。

这里的冬天也像春天一样温暖。我想，现在播种不会太晚吧。

2011 年 11 月 28 日

# 到文哥家游玩

立冬过去不久，天气渐渐转寒。人们不觉间都添了件大衣，紫荆花虽然依然灿烂，梧桐树叶却在微风中下落、长眠。然而，这些天就算有点冷，也是难得的好天，天空是蓝蓝的，天幕下云丝浮沉，到了夜晚，弯弯新月旁几星闪烁。昨天就是这样的好天。吃过晚饭，我和招岳一起跟文哥到他家做客。

晚间的山道，过往行人、车辆很少，只剩阵阵山风从身旁嗖嗖而过，以及两边黑黢黢的矮山。坐在摩托车上，我感觉不到冷，倒有几分逆风而上、摆脱束缚的轻狂与豪爽。抬头远望，在两列山之间，是一块星空，虽然不开阔，却显得很近、很低，好像我们就要驶进去一样。

文哥家在凤北村，乌崇山脚下，凤凰水库旁边，风景十分秀丽。这里，无论是在蓝蓝天幕下，或星空环抱下，或茫茫雨雾下，都像是个世外桃源、人间仙境。这里的人，我想也跟桃园人一样，过着清贫、淳朴的生活。

我与招岳在文哥家买了几斤茶，之后我们三人一起到水电站旁的水库网鱼，在那里，文哥又叫上了他的几个朋友。

冬天水少，水库露出了一小块浅滩，我们在那里找了条小船，文哥与他的朋友开始划船，并在水库中撒网。

我和招岳坐在浅滩上，虽然我很想乘一下小船，体验一下“泛舟游于赤壁之下”的洒脱，却因自己不习水性，加之在黑蒙蒙的水库面前，我总觉得它深不可测、暗流如潮涌。这使我俩尝试的念头消失得无影无踪，只好坐在浅滩上，感慨万分。

不过即便是这样，我俩也感到十分的舒畅。这里的星空，显得更美了。豆大的星点，密密麻麻，却一点都不迷糊，仿佛无数双炯炯有神的眼睛。它们离我是这么近，有的像缀在山头，仿佛只要我此刻爬上去，就能将它收藏。看着看着，我不禁想起巴金《繁星》中的一句，“星光在我们的肉眼里虽然微小，然而它使我们觉得光明无处不在”。我觉得在我身边的许多朋友，就像这眼前的星光，他们使我懂得人要去努力，去发光，去实现自我，使自己不至于成为一团死灰。我要好好地珍惜、感谢他们。

直到夜很深，一弯弦月挂在空中，我们才踏着月色返回学校。

2011 年 11 月 16 日

# 留给四班的话

回首往事，恍然如梦，一切都已过去，心里埋藏已久的种种情绪，突然像海潮一样涌向心头，酸甜苦辣一时不知如何倾诉。

昨晚班里一些学生要为老师们送别，邀请我们一起去起土灶。骑摩托来接我的是广浩，他欢欢喜喜地叫了我几声老师（之前不这么叫）。我真的很感动，这么可爱的孩子，我为什么现在才知道？

都怪自己不好，没有好好地与学生相处，也很少找他们谈心，彼此之间才有些生疏，而且我的教学方法太古板了，没能带动大家。这让我想起我走前代班主任的一节课，他们都没带书，上自习课，当时课堂很乱，我不知怎么管，在笔记上写了些话：

这是我第一次上我班的课，情况很不好，有几位学生跑出去了，班主任还打电话提示了一下我。我就要离开这里了，也不想管得太多。没有方法教这里的学生更懂事点，真是自己的无能啊。希望能来一位比我强百倍千倍的老师，来教导你们。

我想轻轻地离开，却不能，带着沉沉的反省与遗憾。我不知道自己还会不会怀念这里。

这学期，说真的，因为乱，我有点怕到你们班上去。每天早读时，我真的想多看看你们读书的样子，可又不知为什么，还是在走廊走来走去后对着天空发呆。上课时，为了掩饰自己，有时对你们更严厉，很想跟你们说声对不起。而现在，我真的离开你们了，才知道自己是多么的不舍，多想再上一节课。真的很怀念你们……

怀念昨晚，在茫茫夜幕下，我们几个围着土灶是多么温暖、开心。山和宝话不多，却能让人感到很真诚、淳朴；浩有点像我，老是笑呵呵的，是大家的活宝；泉是个很热心、亲切的小伙子；还有傻气的雕，可爱的林、凤，文静的欣，活泼的君等，以及多才多艺的晓君老师。

怀念校运会时，你们团结互助、拼搏进取、永不放弃。杰和智勇争第一，还有宝、泰、山和菊能坚持到底。你们要让这些优秀的种子生根发芽，茁壮成长。

怀念我第一次站在你们面前时，一双双充满期待的眼睛和热烈的掌声……

怀念许许多多……

虽然我不能跟班里每个人都熟，但我会很怀念你们，204 班，我教的第一个班。

2011 年 12 月 16 日

# 我想留住支教的时光

外语系20081418　许欢敏

## 第一天的心情（2011－08－29）

今天一大早，我和十几位同学来凤凰华侨中学。来此之前，我们的心情很平静。昨晚并没有失眠，可能因为家教了一天累了的缘故吧，也可能是麻木了吧。一大早我就被大风吵醒，以为是刮台风，起床打开门望了下阳台，失望了。这风还是无法改变这次的“旅程”，所以我们只能收拾行李离开，一路上真是九曲十八弯，不过还好是水泥路。周围除了树还是树，在车上密闭的空间还是可以感觉到外面的空气应是很清新的。似乎坐了很久的车才听到同学念着路上六个大字“凤凰欢迎你们”，心想原来凤凰比想象中的远。来到学校门口，因为校门有点窄，送我们的大巴进不去，我们只能搬着大袋的行李下车。开始我们将一大堆行李放在校门外，一个领导叫我们搬进校门内。还没休息一会就又有领导说得搬到住的楼下。十几人的行李让我们搬了三四趟才搬完。我们个个都搬得满头大汗，尤其是男生。接着是自己搭床铺，女生也开始干起粗活了，还做得相当不错，很快大家就搭好床铺，打扫干净。虽然每个人都累得快趴下了，但看到自己整理得还可以的小窝，还是挺欣慰的。中午大家一起吃外面买来的盒饭，算是小聚餐。男生还买来饮料，大家也彼此干杯，做了自我介绍，真像是开了个小 party。下午我们出去逛了一会儿，也品尝了这里所谓的凤凰茶，现在想不起是啥味道了，反正是茶味就对了。回来大家都一起洗厕所，又是肮脏活，但还是很快就洗刷干净了。接着可以洗澡了，山泉水很凉爽哦，如果是夏天就不错了，但现在还是得烧山泉水来洗澡、洗头。可山泉好像不太热情，一会儿就没水，要等一会儿才有，我们只能等了又等。晚上这里好凉，幸好我带了棉被过来，但即便是盖着棉被脚还是凉凉的，不知冬天我会不会在这与山泉一起结冰了呢？今天我给家里打了两次电话，不是因为想家了而是想让家人安心。山泉水，空气清新，家人听了也高兴和安心。

支教是传说的那样！是怎样，只有自己体会了才知。

## 过渡期（2011-09-06）

转眼第二周了，我也慢慢地习惯了这里的生活与环境，虽然还是有点去人家里做客那种拘谨的感觉，但总体还是 ok 的。这两天总往英语教研组跑，和那里的老师聊天喝茶，感觉老师们都很热情。听了这些老师的课，我的总体感觉就是他们对学生很和蔼。中午我和十几位同学一起在食堂用餐，大家坐成两桌，蛮温馨的，边吃边说笑，很有家的感觉。下午我们去男生那边学打乒乓球，大伙都玩得挺开心，很多同学都是运动健儿，会打篮球，也会乒乓球，还会踢毽子。可惜我只会打羽毛球，很谢谢他们几个耐心教我打乒乓球，遗憾的是我还是没学会。今天得知自己带的是 104 班，跟着一个女老师学习。这位女老师也是韩师毕业的，我叫她师姐，我们很快就互相熟悉了。开学典礼这位老师还代表全校老师发表讲话，据说她在教学比赛中还拿了一等奖。我感觉自己很顺利，能跟这么优秀的老师学习，我很高兴。

## 第七周（2011-10-13）

放完国庆假回来，我上了六天英语课，感觉上得好吃力。首先是因为我没有太多经验，虽然在一个培训机构当过一年的英语兼职老师，但这里的教学方式还是跟私人学校有很大区别。其次是我对教材还不熟悉，再次是我对学生还不了解。幸好这一个星期里有师姐的帮助，她坚持每一节都去听我的课，并做了详细的听课记录。课后她耐心地给我指导，让我慢慢改进，学到的东西是挺多的。

一星期下来，我真正体会到当老师的不容易和责任之大，教师真是一份辛苦的职业，每天六点多起床，吃完饭就去监督他们早读和打扫卫生。上课时恨不得把所有知识都教给他们，只恨时间有限。批改作业时的心情会因学生完成的情况而变化，这次批改两个班的听写，4 班有二十多个 100 分，让我无比开心，有很大的成就感。当批改 5 班的作业时，只有一个 100 分，我心里有种说不出的滋味，感到很头痛。每天我都得让这些写不好的学生留下来重写，一整天下来眼睛很酸，喉咙很干，脚很酸，人也很累。但不管多疲惫，只要这些学生能进步一点就是给我最大的安慰。师姐今天回家了，接下来到第十周我必须接师姐的班，教两个班英语还有当 4 班的班主任。庆幸的是 4 班的学生很乖，也很可爱，小帅哥多，小美女也不少。批评他们的时候我总会忍不住笑，因为他们实在很可爱，我很喜欢他们。

日子是忙碌的，也是充实的，虽然累，但对我来说也是最好的生活方式，可以忘记一些是是非非，让自己全身心投入工作中。与这些可爱的学生打交道，是幸福的。

## 座谈有感（2011－11－09）

今天韩师领导突然冒着风雨来看望我们，也开了个座谈会。首先凤凰华侨中学的领导对我们这段时间以来的工作做了简单介绍和评价，感觉这几位领导在韩师领导面前显得有点拘谨。呵呵，也用普通话来交流。貌似这是我第一次听到他们在开会时讲普通话，不过说真的，我从心里还是蛮喜欢凤凰华侨中学这几位校长的，他们朴素、热情，从不摆领导架子。记得家访那天文校长还帮我们家访老师盛汤，呵呵，让我们很不好意思。

接着韩师领导让我们畅所欲言，首先是组长发话啦。让我们印象最深刻的就是他说当老师不容易呀，确实说出了我们十几人的心声。自从上次替师姐管那两个班我就深有体会。我这个小小副组长也说了几句，主要是谈我们在这边的生活，想告诉来看我们的老师，我们在这生活得很充实很开心，凤凰这里的人们很热情。其实还有很多很多话要说，但由于天气太冷我说话有点抖，就算了，呵呵……

最后，韩师的领导逐个讲话，他们的话都蕴含着很深刻的含义。给我印象最深刻的就是教务处的主任，他说了两方面内容：首先他说教育者就是要让调皮捣蛋的学生热爱学习，引导他们走向正确方向；其次就是讲到我们在这里实习最主要的不是提高技能，而是通过这次实习使我们的教育教学能力有所提升，在提高技能的基础上必须先热爱这份工作。他的这些话真是说到我的心坎上，很让我信服。

我相信学校领导这次来访会让我们十几人感受到温暖，也给了我们很大鼓励，让我们继续努力，在这里将自己价值最大化，珍惜剩下的半个学期的时间。

## 校运会小记（2011－12－02）

昨天凤凰华侨中学举行了校运会，风虽大，天气虽冷，但学生依然热情澎湃。早上六点多就有学生搬桌椅准备看校运会，他们真的很可爱。昨天早上我班运动健儿的表现让我刮目相看。男子跳高、实心球、1 500 米长跑比赛都拿了第一名，女子铅球拿了第三名，男女 100 米短跑也分别进了决赛。我的心情无比激动。在跑1 500米的时候，体育老师问其他老师跑在最前面的穿红色衣服的那个学生是几班的，其他老师还没反应过来，我连忙自豪地说："是我们104班的！"呵呵，现在想想当时自己太过激动了。当我陪班里女生扔铅球时，刚好她扔的距离与另一班女生扔的距离差不多，我心里无比紧张，裁判老师说得拿尺子来量一下。我突然说，哎，不用量啦，一看就知我们班扔得比较远啦！但裁判老师为了做到公平公正，还是拿尺子量了一下，我死死地盯住尺子，生怕他量错。呵呵，庆幸的是我们班多了大概一厘米，获得了第三名。

下午因为自己身体不舒服，没法坚持，只能请假回家，很遗憾没能陪他们到比赛结束。到家时师姐跟我说男子800米也得了第一，女子得了第二，今早师姐打电话跟我说女子跳高得了第二，男子800米也得了第二，最后一项接力赛正要进行。当时我真想奔过去给他们加油。下午师姐说，男子接力差一秒就进第三了，有点遗憾，不过我已经对他们的表现很满足了，远远超出了我的期望。四班的学生是最棒的，他们在学习上很出色，在体育上也毫不逊色。

## 离别（2011－12－15）

半夜我突然醒来，想到明天就要离开这里，环望了一下四周，心里阵阵难过。想到孩子们昨天精心为我举办的欢送会，想到他们一张张可爱的小脸蛋，想到他们为我唱的歌，想到他们平日搞笑的行为，想到他们的点点滴滴。我多想能再有一个星期和他们相处，虽说所有的离别都是为了重逢的那一天，可这一离开不知何时才能再见面，想到这里我的眼泪就不争气地流了出来。我本以为自己不会因为这次离开而伤心，没想到在这待了三个多月，我已经喜欢上这些学生，这里的环境、这里热情的人，还有这里新鲜的空气……

可爱的学生们，我只想对你们说，谢谢你们的陪伴，是你们的陪伴温暖了这三个月零八天。是你们的可爱给我带来许多快乐，是你们的懂事让我现在有种说不出的不舍，我真的很爱你们！

如果时光可以倒流，我们还会毫不犹豫选择支教吗？我会的。

# 凤中日记

教育系　陈妙丹

## 一起去凤凰中学

（2011 年 8 月 25 日）

我得知今年试行顶岗实习，为期一学期。我系的名额只有 3 个，经过一番思量，我觉得这是一个角色转换（从学生转换为老师）的最佳锻炼机会，实习参与科任老师和班主任全方位的学期工作。于是我报名参加顶岗实习，晓纯也报名了，她一直鼓励我说："我们一定要去。"经过系领导的筛选，我们终于进入了支教的行列，一同去凤凰中学实习。

八月底，我们一行 12 位同学在指导老师的带领下前往凤凰中学。先熟悉学校环境，布置宿舍，为一学期的实习做准备。我们都迫不及待地想知道自己的任务，带哪个班、教哪一科，想象着跟学生见面的场景……

开学的前一天，我们才知道自己的任务。我带的是 801 班，做这个班的副班主任，教的是信息技术。

## 开学的第一天

（2011 年 9 月 1 日）

设想已久的开学第一天终于到来，我既紧张又期待，今天第一次与 801 班的班主任（即我的指导老师）和同学们见面。

早上，全校在操场上进行开学升旗仪式和开学典礼，我们班的同学们迅速地排好队伍。在这种场合下，我表现得很严肃，心想：作为老师，首先要树立威信。其次要以教师的示范性潜移默化地传递给学生在此场合下不可嬉笑的信息。后来，我发现其中几个男生好动又爱说话，几个女生喜欢笑，我站在前面观察了许久，时而盯着他们示意，时而环视全场。我先观察学习班主任陈老师。时机到了，我往队伍里走下去，走到那几个顽皮的学生跟前，边说边走下去："排队、严肃、不许说话。"简短有力。

会后，班主任留下开会。我们回到教室，我跟学生聊起信息技术，他们都说感兴趣、想学。学生的话鼓舞着我，更使我增添了信心。课后，我把课程表拿到教室去，准备贴上。有位男同学接过来，看了看，说："怎么没有信息技术?"我说："自修课就上信息技术。"他们竟然说："自修课只有一节，太少了，要是安排两节就好了。"有的还说："抽出一节数学课来上信息技术。"看来他们的兴致都很高，原先我还担心他们会怨我占用了自修课，看来我不必再担心了，而应该备好课，上好课，不要让他们失望。

接过课程表的那位男同学，主动帮班集体贴上功课表和作息时间表。后来我了解到这位同学是伟，但是有很多老师谈起他，都摇摇头，说他太调皮捣蛋，已经无可救药了。我听了之后，觉得并没有这么严重啊，老师们不应该对学生下此结论。至少第一天他留给我的印象还不错，他热爱班集体，乐于助人。

班主任正式向全班介绍了我之后，我就开始给同学们发新书，帮助陈老师，安排了坐在前面的同学发书；转念一想，我又点了个别班干部起来发书，目的是要培养班干部的责任感，为班集体服务。

## 向陈老师学习

（2011 年 9 月 5 日）

新学期要为学生定制校服，要统计身高的各个范围的学生人数，才可以做好校服规格表的统计。陈老师将这个任务交给一位学生做，这位学生很高兴，有种受到重视的感觉。

学校要统计学生的各种项目的人数。陈老师将这个任务交给我。上课时，我来到教室，按照顺序进行调查，符合条件的学生举手示意。可是全班一直乱哄哄的，纪律很差。很难数清楚有多少个学生符合条件，过了许久，统计也没有办法顺利地进行下去。我做了反省，首先，我还不清楚全班总人数和男女生人数，没有办法灵活统计，但我可以先请班长报告班里男女生各多少人，一时情急没有细想，就盲目开始统计；其次，我还不够威严，有待锻炼提高。陈老师走进来说："我来。"我在一旁看着学习，对陈老师真是敬佩，没两下子就搞定了。他对班里男女生的人数了如指掌，对人数可能较少的某项目（例如居民户口）先统计，相应的项目（农村户口）则用总数（全班人数）与该项目（居民户口）的数量去计算，免了相应项的统计；而且陈老师对班级的管理控制能力很强，他声音洪亮、很有气质。

我正处于实习阶段，虚心向陈老师学习，把简单的适合学生做的事交给他们做，这样对他们有很多好处，可以培养学生的做事能力，培养热爱班集体、为班集体服务的意识，又可以使他们有种受到重视的感觉和成就感。我还要学习与反思，尽快熟悉班级，增强班主任意识，奠定班主任地位，提高班级管理能力。

据我了解，801 班是同年级中纪律最差的班级，明天我将迎来此次实习的第一次上课，是十分重要的，我真担心自己驾驭不了课堂，尽管我做了充分的准备。

## 早读遇到的教育事件

（2011 年 9 月 7 日）

今天早读，我发现武不认真读书，总是笑。我看了他几次，又口头提醒了一次，他仍不改，于是我请他站起来，5 秒钟后再坐下。虽然时间短，但这样的教育方式比较独特，目的是要他知道并记住早读不能分神。

早读结束后，我对他说："到办公室来。"他跟出来了，来到走廊上，我停下来说："这次就不去办公室了，我们在这里聊。"我问他刚才有什么事那么有趣吗？讲来听听，他不敢说。我说，上课要认真，现在下课不用这么紧张，放轻松，说说笑也无妨。在不同的时间和环境，对同一行为可能会有不同的结论。

事后，我找个机会，把"在不同的时间和环境，对同一行为可能会有不同的结论"这句话写在黑板右上角，并用贴近学生的例子稍微向全班解释：上课说话，这一行为可视为捣乱课堂秩序；课后说话，同一行为却被视为性格活泼、交际良好。同样是说话，在上课时和下课后的结论就截然不同。

对学生的教育，我遵循了从个别教育向集体教育、说理教育扩展的原则。

## 发放校服

（2011 年 9 月 14 日）

下午第六节，我听完课之后，看到其他班的同学在搬校服，但我班班主任不在，我也没接到通知，真不知所措。左思右想，我已经是班主任了，所以大胆地去做吧。于是我赶回教室，叫上几位男同学，到旧教学楼把我班的校服搬回来。这时第七节上课了，我要求他们把校服放在教室门口，然后马上进去上课。

放学铃一响，我拿着校服规格表赶紧到教室去发放校服。让我意想不到的是，洋同学很热情主动地帮我，他是那么认真，那么可爱，做得很出色。他帮我解开袋子，把校服一件件地拿出来查看是几号的，使我的工作更快捷轻松。

由于是下课时间，大家很吵闹，有时我念到号数的学生没有听到，有些学生还帮我喊。有一个学生很聪明，他拿起笔在校服规格表上给已领过校服的同学做上标记。

在这些学生的协助下，没多久，我就顺利地把校服发放下去了。而有些班级发放校服花费了整整一节课的时间。第二天，班主任夸我做得不错。

## 定班名寄予着我的希望

（2011 年 9 月 15 日）

这些天来我发现我班出现了许多问题，很多同学利用早读时间写作业，黑板也没有安排值日，某些同学上课铃响了之后仍然逗留在教室外面，上课时课堂嘈杂、听课不认真等。

下午第三节，我去上课，课前我讲了几件事：

首先，安排按座位号擦黑板值日，要求下课后便要值日，而且要擦干净。

其次，强调学风，制定班名为“跃起之班”，要求我们班要有一点一滴的进步，相信最终我们是最棒的。伟说怎么不叫雄起之班，我说没有一点一滴的进步，怎么雄起？接着写上班训“静、净、竞、敬”，由学生各抒己见。我还要求上课铃响了不能逗留在教室外，要马上回到座位上，准备上课，课堂上认真听课。

最后，我严肃地批评了早读时写作业的事，教育大家作业必须在前一天完成，早读时间就要好好读书，在正确的时间做对的事情。今天过后，几乎没有人在早读时写作业。有一个学生偷偷地写着，看见我走进教室，就慌张地收起来。之后若有学生写，我就会没收他的作业，严格管理，抑制这一点苗头。

## 面对迟到的学生

（2011 年 9 月 16 日）

经过昨天的教育，今天的早读情况较好，没有人在写作业，朗读整齐大声，我在办公室也能够听到我班的读书声。但是又出现了另一个问题，有六位学生迟到了，妍请假了。从开学到现在，妍多次请假，于是班主任打电话家访。

迟到的学生中，其中一名叫涛，他昨天下午缺席，今天还迟到，情况比较典型，所以我决定先对他进行教育，想不到的是，他还不断狡辩，说他昨天来上课了。我问："昨天下午第三节我上了什么课，是什么内容?"这时他答不上来，也不敢再狡辩。今早的事，他说他一早就来了，在乒乓球桌旁边坐着。我教育他早读预备铃一响就要马上进教室。

陈老师对迟到的同学是这样教育的：早两分钟就不用"榜上有名"，你们想要出名就为班里做好事。

接着我请来五位带早读的学生到办公室开了个小会，我对他们强调道："你们要起到带头的作用，早读铃声一响，马上就带早读。"再留下其中两位纪律监督员，交代了课上和课下的纪律情况的记录。

办公室里有位蓝老师，她深受学生的爱戴，我也很敬佩她。蓝老师跟我讲：

（1）面对初中生，布置任务、宣布纪律方面的要求之前要考虑可行性，宣布之后要有一种没得商量的态势。

（2）第一次批评学生不能把他的缺点全部说出来。可以采用三分批评，发现好的苗头就表扬，比如课堂上别的问题他没有认真听，刚好这个问题他认真听了，即可提问他、表扬他。

（3）批评学生不要从教师的角度出发，要站在学生的立场来讲。比如学生上课说话，不要说你这样会影响老师上课，影响老师的情绪，而是说你这样会影响到周围同学的学习。我想，这样站在学生的立场来讲，让他们感觉到老师正考虑他们的感受，真正地关心他们的学习等。不管是批评还是表扬，都要说明原因。

（4）课堂上的气氛如果很活跃，就要注意收网（指课堂纪律）。刚好上节课我上了趣味课，气氛十分活跃，下一节课我就要说明安排这节课的原因：目的之一是让大家熟悉这种比赛方式的学习方法，以后有些课会采用这种教学方法，只是内容不是趣味知识，而是信息技术的内容。要他们知道以后不管用什么方法上课都不能像以前那样吵，要注意学风纪律，这才是班集体中的学习。目的之二是培养学生的思维能力。

放学后，几个学生留下来跟我聊天。爽、铭、海和伟，他们都是好朋友，一起玩，之间有什么秘密都会说。我发现他们之间互抄作业，就故意说，你们关系好，好在互抄作业。伟完全对我说实话，他抄了而且抄了很多次。他毫不隐瞒躲避，原来他是对我尊重才不对我说谎。接着我引导他们：“你们的关系好，并不是表现在课堂上说话，而是要互相监督，认真学习；像现在是课后时间才可以在一起有说有笑，为对方好，这才是真正的好。”

聊着聊着，伟聊到初一时，他很坏，不认真学习，原因是，小学时有一次他考了个好成绩，他爸爸并没有表扬他，从此以后，他就不想好好学。他爸爸还安排他念完初中就去参军。我了解之后，觉得小孩子会因为一点点细节而敏感地做了改变，这是我们教育过程中要细心对待的事。我说，那你想不想让老师表扬你呢？想的话，就好好学习，你进步了，老师就会表扬你的。你现在的表现比初一有进步了，很好。参军的事，别以为这样你就可以放弃学习，参军的人也要有知识技能的。

天色已晚了，他们得知我这周末留在学校不回家，便邀请我陪他们玩，我当然不能答应他们，便委婉拒绝了。晚上，伟又在 QQ 上邀请我去他家，我感到很意外。但是我说，只要你把作业做好了，我就去你家，有什么不懂的题，我可以帮你，他居然不肯。他还问了许多关于信息技术的问题，我帮他解决了一部分，留着一些。我对他说课堂上我会讲的，你要好好听讲。这使他对学习更有前进的目标和动力。

## 有两个学生旷课去上网

（2011 年 9 月 22 日）

今天，涛和峰旷课去上网，班主任打电话把他们家长请来，在办公室里一起教育他们。

我对他们的教育，一开始没有讲上网的事，而是这么讲：

“你们有没有将自己摆在学生的位置？你们站在这里有意思么？来学校是帮老师看管办公室的还是来学习的？”他们都不回答。我再问：“你们能听懂我说的话吗？（潮汕话）”他们就微笑着点头了。

“是不是不想读书？”他们点头。这说明他们愿意跟我讲实话。“你们不想读书，想要做什么？”他们答不出来。

“有知识的人有工具，没知识的人只能被别人当成工具。”我问：“你们要当有知识的人，还是没知识的人？”峰说：“有知识的人。”这一问，他马上答，说明他悟性很高，敢于开口跟我说自己渴望做一个有学识的人。

主任、家长都要他们表态，涛小声说：“不旷课。”家长：“纪律呢？”涛说：“做好。”我说：“这些都是你自己说的，自己能听见吧？（点头）自己能听见就好，这是说给你自己听的，要记住，以后就看你能不能做好了。”

“涛、峰，其实你们上网不是在欺骗老师、家长，而是在欺骗你们自己，浪费你们的时间。旷课去上网，第一，损失的是自己；第二，影响班里的荣誉（缺席）；第三，使老师、家长担心。”

“这节课你们本应该做什么？”涛说：“上课。”他渐渐地回答我的话，渐渐地对我敞开心扉，尽管敞开了一条门缝，但我还是挺高兴的。“对，本应该去上课学习的，而你们在这里站着，不是在浪费时间吗？”我停顿了一下，又说：“想想你们为什么在这里站着？”

等我们走开了，有位老师反映，他们在那里说笑，我马上把他们叫出来，问他们说什么，他们说在讨论会不会被停学，而且说不会。我就跟他们讲档案中的记录对个人的影响，要他们明白现在的表现影响着未来，不管是上学还是工作。

他们说老师只会记得他们的不好，看不见他们的好。我拿出德誉榜给他们看，这里面记录着学生的良好表现。平时我留心观察他们，并把他们的良好表现全都记录下来。他们说自己也有做好，帮忙打扫卫生。（学生邀功，希望得到老师的表扬与关注）我表扬他们在劳动这方面做得好，可以记录下来。我还表明，你们做得不好的，老师也知道，只是不想记下来，目的在于要你们好好改正，老师再记录你们好的方面。

## 利用网络平台了解学生

（2011 年 10 月 11 日）

上午第四节，我发现科任老师在教室外教育一位学生，我没在意。可是放学铃响了很久，都不见我班学生走出来，我觉得奇怪，因为平时一放学他们就会立刻走出教室。

过了一会儿，我走出办公室，在走廊上看见政治老师从教室里出来，哭着走进办公室，我感觉不对劲，她肯定是被学生气哭的。我马上赶到教室，问了燕，她不敢说。我来到食堂，遇到了寅和鹏，就问他们怎么回事。寅说，他和后面的同学闹矛盾，老师要他们站起来，那同学不站起来。我进入食堂遇到了政治老师，她说男生女生都一样捣乱。

中午我在QQ空间上看到某些女生发表心情，她们知道老师是被她们气哭的，但还说老师因为她们而感动，她们能做到这样，很厉害。看到她们这样把反的说成正的，我真痛心，心想应该及时教育她们要树立尊敬老师，纠正错误的观念。

经了解，这些喜欢捣乱的学生已经形成一个小团伙，所以每一个都要教育。晚上我收集了一些尊师重道的例子分别发给他们，其中伟说："还在为政治老师打抱不平？"我说："没有为谁打抱不平，我只为我的学生。气哭老师不是厉害，自己有成绩，有所作为才是真的厉害。"我还讲了许多关心他重视他的话，他说："谢谢老师你的好意。"最后他讲："你看看爽。小小的年纪就在那谈单身，你说说她。""她们都早恋。我最乖了。"看来伟与我亲近些，跟我讲秘密的事，请我帮忙去说说他那些早恋的好朋友，那是因为他感觉到我对他的关心。更让我高兴的是，他在801班Q群上发了一句："真的。我要努力完成学业。"后来我观察，他那段日子里的表现确实有些好转。

后来，我寻找适合的时机让铭在黑板右上角写上："懂得欣赏别人，说明你们正在长大。不过，在欣赏别人的同时，也要让自己值得别人欣赏。"还请了几位早恋的学生讲讲她们对这句话的理解，伟也过来，把这句话的意思挑明了，于是我顺理成章地讲开来。重点讲到怎么才能值得别人欣赏，那就是要好好学习，品学兼优。我把她们早恋的事情引导到学习上来。虽然不能马上让她们把成绩提上来，但至少她们明白了道理。

## 不可以用自己的错误去惩罚别人

（2011年10月13日）

早读课上，君在纸上偷偷写着什么，被我发现，她就收了纸。我看见纸上写了句不文明的话"老变态，浅笑"，于是我把她叫到办公室来问清楚。原来这是写给一个同学的，因为那位同学骂了她。

我并没有急于说教，先让她分析判断那位骂人的同学和自己这样的行为是怎样的，她说都是不好的、不文明的行为。我说，以不文明的行为去惩罚不文明的行为会造成恶性循环，这样的行为很可笑。我教育道，不可以用自己的错误去惩罚别人。我要求她把这句话写在黑板右上角，追求个别教育与集体教育相结合。

我想，学生肯定有疑问，被别人骂了，我们不能回骂，那要怎么办？难道懦弱地任由他骂吗？于是我再发问：“别人骂你，你不可以这么做，应该怎么做呢？”她说：“帮他改正。”我鼓励她：“很聪明，那怎么帮他改正？”她说：“跟他说不能骂人。”我补充道：“对，我们都要做个文明人。”

在此次教育中，我没有一大堆的说理语言，更多的是引导她自己思考、分析、判断解决问题，做到自我教育，内化感知自己的行为，从而认识错误，改正错误。

## 抓住教育机会

（2011年11月17日）

对学生的教育来源于学习生活，我们要细心观察生活中的细节，这些细节会带给我们教育的灵感，所以我们要好好把握这样的教育契机。

违反学校规章制度的学生会被停学。我班的学生接二连三地被停学了，又回来申请再读。先是妍、寅，今天涛也回来申请，需要各位老师签名同意。他来找我时，我询问了许多，突然间我发现他的手背上有伤痕，我关心道：“怎么受伤的，什么时候受伤的？”他说：“小学时擦伤的。”我灵机一动，说：“以前做过什么事，总会留下痕迹的，就像你这个伤疤一样，所以你现在的表现怎样，以后回想起来是甜的还是苦的都是由现在决定的，你现在的努力会决定你的未来，想不想以后好好的？”

夜自修时，有个学生不舒服要请假回宿舍，需要有人陪着。刚开始我以为她因为路上灯光暗淡而害怕，到后来我才发现了她们是因为害怕一个人待在宿舍。还有男同学在晚上不敢一个人上厕所，怕黑。我问：“你们还有谁怕黑？”许多人都应了。我说：“你们如果现在不好好学习，前途将会一片黑暗。这更可怕。”事后，我想到初中时有个作文题目是“驱除阴霾，阳光再来”，所以我打算在周一班会课上讲讲这个课题。

## 主动要求辅导

（2011 年 11 月 29 日）

班里学生的基础知识较差，之前我向班主任提议，下午放学后由我来辅导几个学生，班主任十分支持。我打算先辅导两个中层次的学生，但是他们只留下两天，就坚持不下去了。

今天，海跑过来跟我说：“老师你下午放学后有没有空？可不可以给我辅导数学?”我说：“可以啊。放学后你就带上书和练习过来。”她主动要求辅导，说明她渴望上进，当时我十分开心。

海说初一的知识，她有些还不懂。我给她讲题时，要讲得很详细，看来她的基础一般。但她那种主动、积极、认真、一直坚持的学习态度，我很喜欢。

学校为庆祝校庆举行校运会，每天放学后，班主任要带着运动员训练。第二天，我到操场上安排他们训练时，海把我交代的习题（画函数图像）做好了，拿着书本跑下来，来到我跟前说：“老师，我画好了，接下来怎么做?”我被她吓了一跳，面对这样的举动我感到十分意外，不过她的认真劲还真是可爱。我说：“你先上去，我稍后过去跟你讲。”

## 跃起腾飞

（2011 年 12 月 12 日）

这是实习期间的最后一次班会。我问全班同学，记不记得我们的班名，大家说：“记得，是跃起。”我们班的校庆校运会主题黑板报的名称就是“风中跃起”。我说：“对，在校运会赛场上我们班的确做到跃起了，在初中部排名第二，只要把这种劲用在学习上，下一学年我们班的班名就可以改为‘腾飞’。先‘跃起’再‘腾飞’，这是阶段性的进步。”

# 火红的凤凰
# ——我的支教日记

体育系20081513　黄　湛

## 8月29日　星期一　阵雨

记得2009年我曾参加过华林小学的义教营。今天我又踏上了支教实习之路，相比前者，这次为时更长了一些，一个学期的支教！也许，应该也是我人生路上必需的一次历练。今天，一路上山路颠簸，车内大家并没过多的话语，因为大家毕竟还不熟悉，只是在上个学期末的动员大会上有过一面之缘，最多只是在飞信和QQ上聊过天。相信在车上的时候，大家心里充满的是期待和希望。凤凰侨中的一切都是未知的，一切都是那么的充满挑战性。

今日，正逢台风“南玛都”登陆台湾南部地区，潮汕地区也不可避免地受其影响，当时只是略感微风，估计到这里应该用不了多长时间了。到达侨中之后，与我们同车来的唐老师也就跟车回去了，由侨中的两位校长领着我们到住宿地。我们16人，5男11女，男生住在那栋新楼（这里是这样叫的）的一楼，是一间教室。女生分别住在三、四楼中间的一个办公室。支起铁架，装上床板就是我们的临时宿舍了。宿舍内没有独立卫生间，新楼旁边有一个公厕，在我们那栋楼的楼梯拐弯处也有一个厕所，是我们洗澡用的。洗澡时也没有热水。中午的时候，我们打扫差不多了，大家就在校外买了便当回来，吃一个集体餐，也就这样相互认识了一下。下午，文副校长过来找我说，明天早上要开会了，应该也是这个新学期的第一次会议，学校要我们实习老师也一起参加。第一次与同事见面的会议，对于大家而言都是那么新奇、那么让人期待。

## 9月1日　星期四　雨

今天是全国中小学的开学日，理所当然地凤凰侨中也在今日正式开学上课了，原定于今天的升旗仪式因下雨就取消了。学生都直接进入教室，由各个班主任组织一些新学期的相关工作。我们实习老师也很早就起床了，在学校食堂用过早餐之后，大家也都回到实习生办公室，对于实习生的教学工作如何安排，侨中方面暂时还没来得及为我们安排。所以大家都在办公室闲聊着，开学的第一天，学校方面肯定也有很多事情要处理，所以实习老师也不能乱来，担心给校方增加一些不必要的麻烦。大家只有等待，等待学校负责老师的指示。下午我们在教职工活动室那边跟那些老教师下下象棋和打打乒乓球。原来这里的校长和副校长都喜欢打乒乓球，而且还挺厉害的。晚上的时候，几个韩师的学弟学妹打电话过来问情况如何，一概回之“还不错”。晚上差不多要休息的时候我认识了一位姓林的体育老师。这位老师也是我后来实习的科任指导老师。一番交谈后，他给我介绍了侨中体育课的基本情况和这学期的基本教学内容。他介绍说，在这里的很大部分学生在小学期间是没有上过体育课的，现在上了中学之后给中学的体育课教学带来了很大的难度，可能有相当的一段时间要上水平低一点的内容。后来我发现确实是这样。

## 9 月 5 日　星期一　晴

今天晨雾弥漫，空气中透着微微的寒气，山间鸟语已在山谷间回荡。洋溢着稚气的孩子们背着书包迈步于校园之中，这就是凤凰侨中的早晨，一切都是那么新鲜，那么充满希望。开学的第一周只有两天的课程，并且潮汕地区的雨季一来就是好几天。直至今日，天空才得以放晴，有一些沐浴阳光的味道。

天气好了，学校就安排开学典礼。今天 7：40 在学校礼堂举行。当然，校方也邀请了我们实习老师一起参加。会上，校长等人还介绍了韩师的实习老师。我们支教实习的 16 个人初到侨中就已经表现出一种快速融入集体，团结互助和主动进入角色的状态，大家在侨中毫无陌生和过客的感觉。汕头华林小学义教营的加长版即将在这里延续，我坚信……

## 9 月 7 日　星期三　晴

终于迎来了忙碌的开工日子。今天实习老师都往各个班级跑，帮班主任的忙。我的体育课被安排在初一年级，另一同学涵是在初二年级。他今天上了两节课，估计那帮顽主太调皮了，气得他坐立不安。今天下午的班会课，我只是向 103 班的学生做了一个简单的自我介绍，因为李老师说她还有很多事情安排。新学期嘛，又是新生，难免的，但是她上不到半节课就跟我说，接下来就交给我了，就这样临时给我一个大难题呢。后来我才发现她就是这样喜欢突击性地给我挑战，还好我顶住了。站在讲台上，我看着下面那些好奇与渴望的眼睛，还真的有些紧张，所以我临时决定从体育课开始讲起，他们就很感兴趣了。明天还有更大的挑战呢，那就是我的体育课，指导老师跟我讲过这里是没有什么教学大纲、进度计划和教案这类的东西的，一切都由教师自己来安排。初一年级的基本教学内容就是要在这个学期内完成广播体操“放飞理想”和教一些与校运会相关的东西。大致情况就这样，好运，明天！

## 9月8日　星期四　晴

一天四节体育课下来彻底把我给累倒了，而且严重上火，加上我中午路过楼梯口的时候不小心撞到额头，整个身子骨都快散了。上课的基本情况就是纪律方面问题不大，因为是初一年级的新生，所以他们不会像初二和初三学生那么懒散，但是他们的体育基础太差了，一切要从最基本的东西教起，还得费很大的劲。四节课，那么大的太阳，只得靠着凉茶来降温，上完课下来喉咙也严重沙哑。在办公室我发现，每个人的桌子上都摆上了西瓜霜啊，金嗓子等药物。问题大啊，班主任工作比较烦琐些，每天跟早读、监督打扫卫生等。后天是教师节，没意外的话就明天下午回韩师！

## 9月14日　星期三　晴

中秋节过后，今天又开始上课了。大清早就听到政教处文主任在广播中好像是在宣读一份处分通知，朦胧听懂一些，应该是学生打架，还是初一学生跑去打初二年级的。后来回到我的103班，还好，不是他们犯下的案子！和往日一样，山里的秋天，可能是地处南方的缘故，还是和夏天一样，晴空万里、洁白的云层、翠绿的山茶树，每天早上起来习惯了这里的安静和微风吹过树叶的声音。今天上了三节体育课，从明天开始，我就负责102、103、104三个班的体育课，也就是说，明天，我就开始单飞了，不需要林老师在一旁为我压场了，呵呵，想想，新的挑战又吹响号角咯。今天的三节课中就有103班的，因为那节课是在早上最后一节，所以那些孩子都很不耐烦，我上得也很有压力。他们在上课时老是讲话，这可能是我比较少去他们班上课的缘故，所以我自告奋勇跟他们班主任李老师说，从明天开始我就去跟他们早读了。按照计划，我们实习班主任是从下周开始工作的，但我就是想尽早地了解他们的所思所想，希望对其他工作有所帮助。

## 9月19日　星期一　晴

今天下午第六节是103班的体育课。上课之前我在体育组办公室见到一位学生和家长，103班的班主任李老师也在，由于正赶着去上课，所以我就没有多问些什么。就在上课检查考勤的时候我才发现那个叫萍的女生没有来。这节课是教广播体操“放飞理想”的预备节。总的来讲，还不错！课后，在语文科组办公室，班主任李老师跟我讲，萍已经退学了，刚才就是她家长在体育组那里。据李老师讲，该女生无心向学，常与社会上某些人员接触，在学校穿的服装也与中学生相差较大。现在家长也同意她退学了，由家长带回家。听到这样一个消息之后，回到办公室我沉思了良久，想不通。一个十四五岁的小女孩，不在学校读书，去社会上能干点什么啊？作为她的实习班主任，这个时候我该怎么做呢？一个正在成长的少女难道就这样淹没在茫茫荒漠中了吗？我去找了我的体育指导老师，他也是初一年级组长，他了解的情况可能多些。可是我得到的结果是，学校每年都会有一两个这样的学生，他也做了很多思想工作，还有校长等人都与其家长谈过了，主要是她执意不肯再读书了，然后她家长也就同意了。回宿舍的路上我在沉思，为什么会变成这个样子？

## 9月20日　星期二　阵雨转晴

昨天晚上，许欢敏过生日。吴姑、嘉欢和雪瑜几个学生在其他学生还在晚自习的时候就在外面买回了蛋糕和一些零食。大家一个个都不让欢敏知道。所以我从办公室回来的时候，大家都在讨论给她一个怎样的惊喜。后来，嘉欢说，让我拿蛋糕，她负责关灯，锋源负责打电话找她下来，先关好门，以灯光为信号，许欢敏一开门就关灯唱生日歌。结果，这个惊喜真把许欢敏吓了一大跳。总之，在昨晚，我发现侨中支教组这个团队里，每个人都是那么可爱，是个少了谁都不行的一个团体，昨晚让人感觉很温馨！

## 9月22日　星期四　晴

天气渐渐变冷，秋天已至。而山里的秋天，特别是在中国南方山里的秋天，好像还是那么的翠绿，天空蔚蓝，白云依旧，绝对没有北方那种枯叶飘零、苍黄一片的景象。不过在清晨时分，屋外寒风透心，令人发觉南方的冬天并不遥远了。

今天的侨中，学校教务处安排了各个科组在下午的第7节课召开科组会议，就最近一个多星期学校里所发生的学生打架、退学、逃课等现象作了一个通告。体育科组加上我和涵总共就5位老师，一位科组长、一位副校长、一位初一年级组长，剩下就是我和涵两个实习老师了。会上，体育科组长一直都在用潮汕话讲话，直到陈副校长用普通话讲了之后，我才完全听明白。现在学校对体育课的要求更为严格了。第一就是考勤，上课之前教师一定得检查人数，要把旷课者及时告知该班班主任。第二是安全问题，体育教师在课堂上要注意学生的运动安全，解散后的自由活动也要强调安全，还要做好监督工作，不允许有丝毫松懈。就担心万一出事，若没做好前面的工作，责任必定是科任老师担当的。搞不好，有可能我们老师连饭碗都会丢掉的。第三就是体育科组的器材外借使用问题。会议上，我提议对体育器材实行外借登记制度管理。陈副校长也同意了，明天开始制表。会后，我才感觉当老师确实不容易，肩负教书育人的责任，还要加上半个保姆的责任。

## 10月10日　星期一　晴

昨晚我们办公室这边停电了，所以我没来得及写日记，一直待在宿舍那边。

周日补的是周五的课，有两节体育课是我的。现在发现面对不同的学生得用不同的教学方法，不过还是要保持自己独特的教学风格，可以让不同学生都能够接受或者比较容易接受。这对我这个实习老师而言确实有些难度。

在初一年级这7个班当中，每个班里偏偏都有那么几个调皮捣蛋的，他们表现出来的个性和行为是全然不同的。有时候，我真的拿他们没有办法，所以要转变一下方法才行。呵呵，教学得跟毛主席学学：要掌握斗争的主要方向，不要四面出击；对敌人要区别对待、分化瓦解，实行利用矛盾、争取多数、反对少数、各个击破的策略！外加刚柔相济，不能对他们太过于宽容，该严的时候就得严。因为这里的学生总体综合素质相对较差些，接受能力也比较低！

今天早上 103 班的班长海跟我讲他不想当班长了，在我看来他确实不是一个当班长的合适人选。因为从开学到现在他的表现并不怎么好，更不用说起带头模范作用了。103 班的班长人选我觉得可以让一个叫妮的女生来担任，因为她组织能力很好。不过对于海，我还是得慢慢引导，慢慢培养，能力这种东西不是天生就拥有的。不管怎么样，他也是我的学生！

## 10 月 12 日　星期三　晴转小雨

第 11 周就是侨中的校庆校运会了，现在各个班都在忙碌着对本班的运动员进行挑选、报名和训练等。我的 103 班也不例外，对比一下同年级的其他班级，103 班的孩子表现得还不错，起码大家报名特别踊跃。我突然觉得这个班的孩子很可爱、很活泼。我始终相信，这些孩子都是善良的、都是好苗子。如果他们能够有一些好的条件和机会，一定会很不平凡。

现在 103 班的“三大金刚”——山、程和博，可以看得出来他们三个对这次校运会活动热情并不高，但是我极力促使他们都报名参与。因为我觉得这是他们的一次机会，一次找回自尊的机会，也是找回与同学之间的相互协作，避免独来独往的催化剂。

今天下午体育课后我特意把他们几个留了下来，不是因为他们上课不听话，而是想好好和他们谈谈这个校运会的事情。结果，山和博很爽快地就答应了，就剩下程迟迟不肯表态。这个孩子的家庭情况很复杂，家长基本沉迷于赌博，对其不管不教，所以他的性格很独特，后来他还是一直保持他的态度，就是不愿参加。

体育课后，就是他们班的班会课。他们上课之前临时决定让我以“安全教育”为主题来上一节班会课。我差点晕倒，因为只有 5 分钟的时间来准备，不过这节课的效果还算可以。课后，程主动对我说：“老师，如果你执意让我报名的话，我明天就不来上课了。”我很惊讶，也很好奇，到底他脑子里的校运会是个什么怪物呢？我带着他在走廊上走着，因为外面正下着小雨。慢慢地听他说，原来他不喜欢受约束，加上训练耽误时间，就这两个问题。我也分析了训练的一些情况给他听，告诉他只有三周的时间训练，一周只训练三天，训练的目标是年级第一，好让 103 班的同学以后在初一年级可以抬起头、挺着胸膛走路，这一切努力都是为了班级的荣誉，是很有价值的。之后我让他回家考虑考虑，明天回学校再答复我，不管参不参加我都不会勉强他。我觉得这个学生挺特别的，很有自己的想法，但就是没有用在正途上，还有待继续关注！

## 10 月 13 日　星期四　晴

我今天再度失望了，原本以为程回去想了之后就会给我一个满意的答复，但是我觉得自己还是想得太天真了。不过值得庆幸的是，今天早上他是主动出来找我谈的，而不用我主动找他，他还是守信用的。

## 10 月 18 日　星期二　晴

今天下午我连续上了三节体育课，喉咙开始有点不舒服，回到办公室一个劲地吃西瓜霜。104 班是我的课，再代林老师上一节 107 班的课，还有就是学校开设的趣味体育课。前两个行政班的课主要学习短跑的起跑。呵呵，到了趣味体育课的时候，我彻底晕了！按照计划，在校运会之前，趣味体育课主要以校运会项目为教学内容。结果这一周，是开班以来的第二节课，练习短跑，但是上不到半节课，那些学生都坐下来，一点兴趣都提不起来了。

课后我想了想，不能这样了。因为这个班由三个年级的学生自愿报名组成，总共 134 人。单单练习跑步是比较枯燥无味的，难怪他们没有兴趣。和柯溢涵一起到体育器材室里找找有哪些能用的器材时才发现（之前我主要教广播体操，几乎没有用到器材），这个学校的全部器材是：两个可以用的篮球，羽毛球拍、羽毛球若干，但大部分已经损坏；乒乓球拍、乒乓球若干，大部分已经损坏；实心球、铅球若干。场地器材是：两个篮球场，其中一个还放上了食堂的草料；一个羽毛球场（室外）、一个田径场 + 200 米的煤渣跑道。

场地器材不够用，成了上体育课的最大障碍，这样会打击学生对体育活动的热情。但是对我而言却无能为力！我只有转换一些东西，好让体育课更加多姿些。

## 10 月 25 日　星期二　晴转微雨

天气预报讲最近几天会有冷空气南下，今天早上的气温还跟前几天一样，到了下午的时候就开始转阴，下起了毛毛细雨，丝丝细雨在空中飘着、舞着。气温也顿时下降了许多，可能真的是冷空气来临了。

今天早上，晓君的指导老师来我们办公室聊天。她之前是在小学教语文的，近几年才调到这里教生物，当班主任。今天过来主要是给我们传授教学和学生管理的经验。听她演讲般的谈话气质，在一旁听的实习生们有的赶快拿起笔，做起笔记来了。这位老师一席话，让我们受益匪浅！以她十几年的教学经历，在教学工作和学生管理工作中肯定是很有经验的。让我最佩服的是她当一名教师的那种心态，她的一些话听起来很遥远，但是又让人觉得就在我们身边。教师的艰辛与劳累不是几句话就可以道明的。

她在谈话的最后送给了我们一句话：对待任何学生，我们当老师的都要给他们一缕阳光，要坚信学生将会拥有一片灿烂！

## 10月28日　星期五　阴

今天下午，103班那些孩子在训练的时候很积极、很主动。现在他们几个的心里边都有了一个终点线，有了一个目标。也就是说我带着他们训练的目的基本上实现了，不管最后的结果如何，所有的付出都是值得的！每次训练结束，我都会跟孩子们在草地上一边休息放松一边聊天。我觉得这个环节是最不能够缺少的，通过聊天，相互之间的思想和言语交流都可以充分地互通。今天训练主要是对大家的跑步项目进行简单的测试，大家的表现不是很理想，只是中等偏上一些。

在差不多快结束的时候，班主任李老师过来了，大家就这样坐在草地上聊天，感觉很好。围坐在一起感觉真的很好！

李老师谈到家访，要我跟她一起去妮家里家访。呵呵，原来妮的妈妈跟她是同学，所以她们两个有挺多话聊的。而我，大多是在一旁倾听。现在的学生深受信息时代发展的影响，早早就使用QQ等网络工具了。我也知道现在的孩子脑筋转得快是什么原因了，不像我们以前。

一直以来，我都把103班的孩子们当做自己的弟弟妹妹，现在已经慢慢地习惯了他们的笑声，习惯了这里的一切。真的很担心，到离别时我会是怎样地难以割舍！

之前，我一直在克制自己，别让自己投入太多个人感情在这里。可事实证明，当你置身此境之中，是无法控制自己的。因为他们让你看到了以前自己的影子，看到未来的希望，更重要的是让你有一种家一般的温暖，即使他们如何调皮、如何捣蛋，那也是他们的可爱和无邪！

现在基本可以算只剩下一半时间在这里了，剩下的时间我会让自己留下更多欢乐的记忆！

## 11 月 9 日　星期三　雨

真有点像秋雨绵绵，但这时节不对，因为都已经立冬了。这两天下着忽大忽小的雨，还夹带着一丝丝轻风，风里夹着一丝朦胧的寒意。

今天早上，由庄副院长、教务处处长和各个系领导组成的考察团，到凤凰侨中视察，体育系的黄彦军主任也来了。

上午的座谈会在学校的会议室举行，柯校长和文副校长对我们支教组的实习工作给予了很高的评价。学院领导也给予我们充分的肯定，鼓励我们继续努力，将实习任务出色、圆满地完成。接下来让我始料不及的是处长突然叫我起来，谈谈这期间的心得和感受。组长嘛，我差点没晕过去。其实，我们在侨中已有 2 个月 9 天了，心里话肯定有很多，在这里的感悟也很多。可是我站起来只感慨出一句“当一名老师，真的很不容易”。会后，体育系黄主任到我们实习老师办公室来了，跟我们聊了很多，诸如生活方面、班级管理方面，特别是体育教学工作方面，给予我们很多教诲与经验。

## 11 月 22 日　星期二　晴

今日阳光灿烂，好像又回到了初夏时节。大伙儿都在忙活，上课的上课，早读跟班的跟班，都忙得不亦乐乎。昨天晚上在宿舍，几个男生说要聚餐打火锅。我知道，这应该是那几个女生提议的，目的是要给我提前过生日，我的生日本来是后天，可那天我有事要回学校处理我体教 3 班的一些事情。其实也是为了回去散散心，这几天我一直备受感情困扰。他们在一旁聊，我也没有怎么参与，因为我这几天心情确实不怎么好！

还好，近几天孩子们上课都很乖，很听话，学的东西也很快就学会了。我心里觉得挺乐乎的，下午的时候我还跟那些学生在田径场一起跑跑步。那时的感觉特别好，什么都不用想，什么都不用理会，很轻松、很自由。

晚饭的时候大伙儿都没有去食堂用餐，都在男生宿舍（那间大教室）里打火锅，大家吃得很开心，这是物电系实习生离开后第一次聚餐。大家又一次感觉到家一般的温暖。聚餐后大家都在微博上意犹未尽地发表一些感人的言论，大致都是一些家庭温馨啊、兄弟姐妹啊、相见恨晚的一些言语。呵呵，对我而言，这更是我一次很特殊的生日聚餐呢。特别是姑带来的香槟，第一次开香槟“啵”的一声，很刺激，让人很感动。一个女生在周末的时候从汕头背着这么大瓶的香槟来凤凰，不容易啊，她还在宿舍里藏了几天，到今天才特意拿出来为我庆祝生日，好感动啊。元老师今天值日，所以他也过来一起吃火锅了，看得出来，他很喜欢跟我们这群支教老师在一起，我也很感谢他！

今天我过生日，真的有说不完的事儿，道不尽的心情。所有忧愁都暂时抛到一边去，好好感谢支教组的兄弟姐妹们！确实很有家一般的温暖……

## 12月2日　星期五　晴

迎着西伯利亚的寒流，还好没有降雨。这两天孩子们都是在逆风奔跑。当然，实习老师们也没有闲着，大家都想让自己的班级在校运会中亮出最好的一面来，即使比赛名次不重要，也要在这样的集体活动中让班级凝聚力得以增强。事实上，孩子们的表现说明，所有的付出都是值得的。大家虽然累，但是累得很开心。

让我感动的是103班可爱的孩子们，他们不管是在跑道上、沙池里还是在场外，所有人无时无刻不在感动着我。妮同学在1 500米冲刺时被绊倒，但她还是强忍着眼眶的泪水一拐一拐跑向终点线；强个子小，但他还是拼了全劲跑完200米；凌和峰都是忍着伤痛跑完1 000米和400米的，还有场外的拉拉队们的鼓劲呐喊。

总之，103班让我感到了一种温暖。现在他们都很团结，而且还学会了相互信任和帮助。

## 12月14日　星期三　晴

终于，还是迎来了在凤凰侨中的最后一周。从周一升旗仪式文副校长的讲话到今天全校教师座谈会，都给实习生们在耳边敲响离别的钟声。

这几天，大家都没有闲着，都在忙着给学生、给指导老师准备礼物。当然，学生们也在热火朝天地对凤凰精品店进行疯狂扫荡，为的就是给实习老师送上一份精美的礼物。看着那些学生送的礼物，我感慨万千。学生的情谊我们领会到了，但是看着他们如此破费买这些东西，我心里很过意不去，很纠结！

早上，我赶着凤凰出山的第一班车回韩师，为的是给103班的学生们和班主任李老师准备一份精美的礼物。那是我精心挑选的相片，有校运会的、上体育课的、平时拍的一些相片。我把这些照片组成了一张贴图，每人准备一份。我给李老师准备的是一本纪念相册。估计下午的班会课我应该会给他们一个惊喜的！

下午赶着第一和第二节课的课间我回到侨中，我代表支教组送学校锦旗并且带各实习教师的实习手册给柯校长盖章。回到办公室，大家都诧异了，都在问我今天干吗去了，一整天都不见人影。嘉欢还问我知不知道103班今天什么情况？我晕了，该不会是出什么事了吧？然后姞过来说，没什么事。我才放心了，大家看了我做的那些东西之后，个个都说这样的礼物很有意义！贴图上还有给每个学生的赠语！我当时乐了。

班会课来了，我觉得这节课绝对是给那些可爱们的一个大惊喜！我走在走廊上，学生见到我个个都跑回去了。推开103班的门，那一刻我惊呆了。课室里的左右两排排开的桌子，中间两张桌子上放着两个大蛋糕，上面写道“黄老师，您辛苦了”和“再见，黄老师”。还在课室后面黑板上写了每个人的祝福语。我很正常地回应了一句话：“在上课喔，你们在干吗?”接着就是“啪啪”几声彩带声音。让我始料不及，这完全出乎我的意料啊！应该是我给他们一个惊喜的啊，倒反过来，他们却给了我一个惊喜！接着我把我带来的礼物送给大家，他们看到之后都很喜欢。特别是送给李老师的时候，她很惊讶呢！后来她跟我讲，这个相册她是百看不厌！我听了之后很开心。

下午，我和103班的同学们一起拍全家福，一起聊天。一个下午，我一直都被感动着，鼻子开始酸酸的啦。后来，班里有几个女生，偷偷躲在墙角边大哭了起来，最后的眼泪，我真的有点控制不住了呢。

## 12月16日　星期五　晴

今日，支教组离开侨中！现已回到韩师，这应该是我最后一次记录工作心情。

历时3个月零8天的凤凰侨中支教实习已经画上圆满的句号。这段时间，留给我们的记忆让我们无比感动。那儿的人，那儿的那些事，还有那儿已经很熟悉了的、很习惯了的几棵树、几片落叶、几声琅琅的读书声，现在我的心情异常复杂！不知道该如何记下这最后的记忆。

今天早上，大家都早早起来收拾行李。在早读的时候，我在校门口贴好支教组的感谢信之后，也过去向103班叮嘱几句话，不知他们能不能听得进去?希望我的苦口婆心能起作用吧。第二节课的时候，我们这些实习老师准备撤离，刚好是103班的音乐课（班主任李老师的课），在我们实习老师住的那栋楼上课。当时一大批学生簇拥在新楼楼下，哭哭啼啼的。看着那场景，伤离别啊！我刚好准备搬行李，食堂那边的阿财急急忙忙跑过送纯耿的眼镜，还在那儿上气不接下气地说着离别的话！我再次被这里学生的那份淳朴感动了。

拖走行李，楼上突然扬起了103班同学们的歌声，那是四季歌《渴望春天》和《可爱的家》。那充满了离别之情的歌声伴着沉重的行李箱轮子滑动的声音太为这样的场景增加气氛了，孩子们就在楼上，但是他们不能出来送我。因为学校领导在下面维持教学秩序。他们的心里也许跟我一样难受。到了校门口，李老师连续打了好几个电话，对我说那些孩子已经无心上课了，让我赶紧回去看他们一下！其实那时我真的很想回去看他们一眼，但是，我也知道这是不可能的！学校大门已经锁上了，李老师的最后一个电话对我说，她实在没有办法了。就打开扬声器，学生们在电话那头唱起的还是那首四季歌《渴望春天》。那歌声穿过扬声器直击我的心灵深处，我再次被华丽丽地感动了一回。这次我真的控制不住眼泪了，赶紧跑去门口隔壁的楼梯口掉泪，估计李老师那头也被感动得不行了，讲话都有些……

回来的车上，与8月29日来的那天一样，大家一路沉默，只是现已无心观望车窗外的美景，心里更多的是回味那即将埋藏起来的感动，更多的是陷入一段段美好的回忆中。

回到久违的713宿舍，我开始了清理工作，用湿布擦拭着时间留下的灰尘。弹指一挥间，我的大四已悄悄过去了一半。等待我的是何种命运，会有怎样的前路等我去开拓呢？

我只能说，我会带着某人的期望，自己的理想还有103班学生们的祝福，继续奔跑在前进的路上，尽管会有很多的委屈、很多的艰苦、很多的阻碍，但不管多么劳累、多么疲惫，我都永不停步！

一个学期，看着孩子们的成长，点点滴滴，再苦再累都觉得很值得，我很庆幸选择了支教，很幸运来到了这个美丽的地方让我遇上一群善良的人儿。我无悔，跟兄弟姐妹们一起肩并肩奋斗过的这段美好的回忆！这必将是我大学四年，甚至会是我人生当中刻骨铭心的怀念——凤凰的磨砺。

# 微微细风中珍藏的那份感动
# ——我的凤凰日记

外语系 20081418　吴　姞

2011 年 8 月 29 日至 12 月 16 日我在凤凰华侨中学初三（3）班支教实习，与其说这是篇教育叙事，不如说是我结束实习工作后，重新拾起的与 303 班的“记忆碎片”。如果您有耐心，就听我用自己的话来告诉你，我与这个班级一起尝过的那些酸甜苦辣。

刚到侨中的时候，我并没有不适应，这里环境、空气我都觉得好，而且宿舍的格局有点类似我原来住的宿舍，毕竟我是自愿来的，所以没有太多“排斥反应”。最主要是我和 5 个新室友在一开始齐心协力安置好宿舍的时候，那种感觉，是一种会有好的开始的感觉。

## 9 月 5 日

我们一起开会、听课，开始融入凤凰华侨中学的教学生活，我可以明显感受到这里与城市学校的不同和各种特色（比如开学典礼放鞭炮什么的……）。刚开始听课，我和欢敏去听的都是初一初二的课，心想着实习嘛，学校肯定不会让我们去跟毕业班的。我们和老师们聊的时候也是，想着会去一二年级，班级太多，他们还嫌我们只有两个英语科支教实习老师太少了呢？结果，当那张安排名单发下来的时候，欢敏被分配到初一（4）班。而我，被“雷”倒了，十六个人，只有我被分配到初三（3）班。那个瞬间啊，压力一下子大了好几倍（想着要重新备教材，以前教初中的经验和来时的准备顿时变得微不足道），班主任黄老师也是新接这个班。我在想，要谢谢学校给的这个大挑战！在实习教师办公室，兄弟姐妹们也在讨论，好吧，来就来，谁怕谁！

## 9 月 5 日到 9 月 7 日　初识

学校的初二初三年级分重点班和普通班，因此听课的感觉会有所不同。我之前对普通班的情况大概有了个底，心里表示有点担心。在听了 301、302 班很安静的几节课之后，我正式踏进 303 班的教室，感觉学生活泼很多，课堂氛围与前两个班不同，因此上课的方式也不同。班会上，听着班主任委任新的班干部，最后让我自我介绍，其中说了一句："你好我好大家好，才是真的好!"孩子们笑了，哈哈！303 班一开始给我的感觉是男生们不怎么阳光、懒懒的，而且整个班的男女比例有点失调。他们很淡定显得我很嗨，看来需要点激情才能刺激他们的活力啊。

班主任黄老师教两个班，自然 303 班就由我来分担了。我开始分配一些班级工作，录入学生名册那会儿，兄弟姐妹们都累得头痛眼酸，我负责初三的还好一点，因为有初二原来的记录在，所以只要加入新同学的资料就可以了，不过，太久没用 Excel 了，有点生疏……

## 9 月 8 日　早读

围观了学生们早读的情况，我很想掐他们，他们读语文还好，读英语跟没吃饭似的，我看不下去了就带领他们读，这样好了一点。我心里想说，你们加油，虽然你们在普通班，老师也不会放弃你们的，最后一年，你们也不要放弃才对！

第一次自己开班会，谢谢班主任的信任并放手让我去处理一些班级事务。不过独立开班会也不是件容易的事，传达了一些通知，跟孩子们聊一聊，剩下的时间就让他们自习，但纪律还是要稍微维持的，现在我觉得他们其实不懒，只是爱玩……

## 9 月 14 日　初次上课

老师在后面听课，这虽不是第一次上课，他们也不是我的第一批学生，我也不是第一次见 303 班的学生们，但我还是有点紧张，不过我很快就进入状态了。由于还没到很熟悉学生的程度，我准备的内容有点多，从知识点和拓展部分可以看出他们有点吃不消，但也总算完成预期任务了。好吧，至少纪律方面没多大问题，听不下去的学生都在睡觉……

## 9月15日 第二次上课

早读和上课时老师不在后面盯了，这些小捣蛋们有点原形毕露，个别学生坐不住了就想玩耍说话了。不过，他们还算给我面子让我顺利地讲完课。（之后每次上课我都尽量讲得有活力些，特别是新课引入，会搞点新花样什么的，不会让课堂太枯燥，新颖的教学方法学生都很有兴趣。）

## 9月18日 升旗

周一的升旗仪式，支教实习老师们终于加入了。我发现，学生们有校服，但没有规定必须统一穿，这也算特色之一了。可以穿自己喜欢的衣服，也是学生的自由。哈哈，只要穿衣不太出格就行。对于拖鞋党我表示无语，还有女生额头前的“窗帘”要拨开啊。学生站要站好咯，个别同学站得跟一只虾似的，实在让人看不下去。

## 9月20日 上午第四节

这是让人头疼的第四节课，因为接近放学学生要回家，所以他们的心都飞了，这也是特色之一。在普通班上第四节课，纪律是个不小的问题。记得我第一次上第四节课的时候，很累，不但要上课还要不停地维持课堂纪律。当时我让他们做一个活动，查英文单词并造句，原来他们都没有用过英文字典哦。我抱了四本字典，大小都有，数量有限只能一组一本，传着用。本来有条件的话应该每人一本的，那样这活动就更容易做了，大部分学生还是积极参与的，后面男生也想试试，很简单嘛，一学就会啦！学生做得很好！令我感到意外的是，下课铃刚一响，学生就全部飞了出去，用“飞”来形容真的很恰当！我是第一次遇到这种情况，自己当学生时也没这样过，这也是“特色”之一吗？如此对老师不礼貌的行为，下次要纠正他们！（以后我说“下课”他们才“飞”，不错，他们还算配合……）

## 内宿生

较先认识的学生，都是内宿生。学校宿舍条件其实一般，没有电源插座、没有公用电话、没有风扇，只有一个节能灯，这样的条件很考验小孩子的自理能力吧。集体生活有苦有乐。一人有什么事，其他同学都会来帮忙。

生会和他的室友晚自修课间来办公室找我，我通过他了解了一下我们班的学生。瑶呢，我起初是让她帮忙登记内宿生的名字和宿舍房间号给我，我要找时间去看看内宿生，瑶很乐意帮我。兴是班长，他和同桌鹏两个人都很可爱，一个有一双会笑的眼睛，一个浓眉大眼。珊和瑶是同桌，珊是生活委员，之后一些事情多亏她的帮忙。还有丽和菊，她俩也是同桌，菊很文静，丽从301班转过来。有一次她俩生病了躺在宿舍，我去看她们，丽那时还不大习惯新班级的生活，我这个班主任就要做一下她的安抚工作。丽是个爱认真学习的娃，自己改变不了环境就要去适应环境，不要轻易示弱！娇真的很娇小，她负责班级考勤，有次她生病了，我拿药给她，看她那样子还真是惹人怜，不过这个小小的身躯也是很坚强的。婵很文静也很害羞。还有利和宇，他俩也是同桌，这俩哥们受伤也是跟着来的，而且都是跟手有关。有一晚下夜自修之后我跟利聊了聊，了解了一点他的情况，也说了些我的经历，以及自己工作和学习的区别，希望他能好好珍惜时间，这也是我想对所有同学讲的话。我告诉他工作后的压力和烦恼比现在无忧无虑的学生生活多得多。

我发现这个班内宿生坐同桌的好多，他们也爱笑，不过他们还是比较内敛啦。这帮孩子，初三走的是内敛稳重路线吗？此时这个学期的五分之一已经过去，我觉得时间过得很快，要继续加油，好好珍惜。

## 科代表

带早读的两位科代表，文若好小声啊！真是“文弱”么？怎么感觉很不情愿的样子呢，我发现她的表情很不开心。（是我的错觉么？孩子啊，你是科代表要加油啊！做好带头作用啊！）玉璇呢，声音不错，但成绩貌似还要加把劲，你老师我以前当科代表英语科成绩可是名列前茅的。

## 阅读课

这种类型的课我也是要好好安排的，初三课文里的英文我看了有时候都想撕掉。Reading 内容太多了学生一般吃不消，精神容易涣散，但短文的内容我觉得都很有意义。于是，我这样想，第一次学生精神不集中之后，经过调整下次会好很多。

## 清洁卫生

这是一件只要用心做好就能做的事情，也不用动脑子。不过我们班偶尔会被扣分，同学偷懒的也有、被罚扫地的也有。我时不时帮他们一起打扫教室，大扫除时我们也一起劳动，我发现有些孩子真的很热心肠，特别是轩和喜！他俩是老师的好帮手！

## 9 月 29 日　课后辅导

28 日我请假回学院拍个人电子照片，29 日回来给孩子们上课不知是否是我的错觉，我总感觉有点陌生。考勤是个问题，有几个同学没来，钿也不来好几夫了，担心中……下午放学后我给几个同学讲解和辅导《英语周报》，发现存在的问题很多，任重而道远……（跟他们聊时发现不少同学的家离学校很远，各种苦衷、情绪想法、烦恼与欢乐……让我对于他们多了些理解，也多了些无奈和惋惜。）

## 兴趣小组

我们支教组一共有八大科，每科有两位老师，每个科目的实习老师都会在国庆后的每周二第七节开个兴趣班，学生自愿报名参加。一开始报名人数最多的是体育科目，共 130 人，第二就是英语科目，共 90 人，学生太积极了，我和欢敏很欣慰。兴趣班分成两个班后，比较辛苦的是欢敏，她教初一，我教初二和初三，303 班来上课的学生不多。不过报各科兴趣小组的学生人数也会随时变动，毕竟学生是自愿的、自由的。

## 10 月 8 日　假期综合征

国庆长假归来，大家都知道，放多长的假学生们都不会嫌多。同学们都没什么精神上课。不过钿回来了，不问过去到底发生什么，反正已经是历史，总之回来就好。记得他被我叫站起来，估计以为没什么好事吧。“欢迎你回来!”我让全班鼓掌欢迎他回到 303 班集体中（他脸红害羞了）。我默默地希望这个集体能够更加温暖，留住想离开的人儿。而回归的人，也要好好珍惜集体的时光。（“欢迎你回来”也成了我经常对重新回归的孩子说的口头禅了。）

## 10月8日　体育课

体育课是联络师生感情的好时机！我和地理实习老师嘉欢一起围观他们上体育课。当时他们在练习100米短跑，我发现有些同学跑得速度很快，但他们又老是说不参加校运会。懒虫啊！嘉欢以前“三下乡”活动的时候来过凤凰，教过山和宇，他们再次相见，分外亲切！大家聊得很开心，我也进一步认识后排的“金刚”们了。其实他们都是懂事的孩子啊！上课捣什么乱嘛！真让人纠结……

## 10月9日　Unit 2

第二单元的阅读部分使人印象深刻！因为这节课我讲得自己快感动到流泪，结果底下反应不大。其实我给孩子们上课的次数还不多，所以到底是学生们太内敛，还是他们根本就没听懂，还是师生不熟，这些也许都有可能。课文讲的是一个问题少年的转变。其父亲去世，母亲必须工作来供他上学，他不想读书了，母亲依旧耐心地教育他，告诉他虽然父亲不在身边了，但爸爸一直在看着他，会因为他做的任何一件好事而引以为豪，之后他便开始努力……这是一篇贴近生活的文章，我很有感触，说不定和在座的哪位同学的生活会相似呢？不管同学们到底有没有听进去，我都想尽力教好他们。情感教育能不能打动他们？亡羊补牢到底晚不晚？我茫然中……（后来觉得每单元的阅读都与学生们的生活学习息息相关，我要好好讲解！）

## 10月17日　校运会报名

在此之前学校就已经在宣传各班学生报名参加校运会的事，在303班也许有部分同学是新转入的，班级凝聚力略显不足，大家都不怎么积极参与这次活动。不过这天，班主任周会后在班里一鼓励，二强调，三动员，下课后就有不少同学来主动报名了。我好开心！之前他们不积极，一堆名额空着；现在他们一积极，有一些项目名额有限，还不够了！像逢、发、铨、滨、鑫、轩、妮、瑶、璇、玲、丽、娇、佳等，他们都报了名。看到大家积极参与，为班级为自己出力我最开心了！既然报名参加比赛，距离校运会开幕还有一段时间，当然是要加强训练了，报名之后的每天下午放学后，就是运动员们的训练时间。

## 10 月 19 日　上课的愤怒

我上课时常感到愤怒，这种情绪一般会出现在第四节和第六节课上，也许因为是自己年少气盛，也许因为自己个新老师，因为资深教师们都很淡定。我会受学生捣乱的影响，讲课的情绪和思路有时候会被迫停下，认真听讲的同学也受到影响。和后排“金刚”们的磨合是一个必经的过程。我就不明白课堂上他们怎么会有那么多废话？我遇到颇为头痛的事情时，我就去请教我的老师和带过普通班的老师，也会和兄弟姐妹们一起讨论，毕竟自己郁闷也没用，借鉴点方法也好。谢谢老师们给了我建议和一些应对的方法。学习之后，付诸实践还是蛮有效果的。对待学生该严厉的还是要严厉！我第四、六节上课比较顺利，完成了备课的内容。对我自己来说，这也是进步啊！教学进度也该加快了！

第七节训练，那天上课学生们就让我心情很糟，结果训练时，由于同学们平时很少练习跑步，一两圈下来就叫天叫地！真是越看越生气！（又好气又好笑！特别是逢，这孩子一开始报了两项，后来缩为一项，最后因为脚伤退居后勤了。）

## 10 月 20 日　体育课

这次围观他们测试 200 米短跑，我发现辉和旭跑得也很快，可他们一直不愿参加校运会，我觉得太可惜，可我又不能逼迫他们，纠结啊。为自己为班级争光，干吗不参加？旭说比赛的时候会太紧张发挥不了平时的水平，在解散之后我又去和他们搭讪了，哈哈。这次交流的是钿、滨和鑫。滨这孩子还硬是给了我一盒牛奶，这也太可爱了吧！不过钱不是这么随便花的！谢谢咯！我觉得吧，跟孩子们沟通时氛围很好，但这帮小鬼头上课若可以更乖点那就更好了！

第七节我陪四个报名接力赛的女生练习，还让体育老师给他们指导了一下，说明比赛规则和注意事项（个别同学以前没参加过的要先了解一下）。然后呢，我就看见发和轩也在跑步，轩小腿上还绑着沙袋在长跑！看到这一幕我“泪流满面”啊！他们对运动会都很热情，要是对学习也这般热情，哪怕一点点热情也好啊！真是对你们又爱又恨啊！（有时候训练我会帮女生们测速，那段时光也让人很难忘。有时候看他们很努力很辛苦，我也很心疼，有时候他们偷懒我又很郁闷，哈哈真是被他们弄得很反常！他们的努力，我都看在眼里，记在心里。）

## 10 月 26 日　篮球赛

那天说是与 305 班打篮球赛，结果因为一些客观原因，我班和对方的队员都没有到齐，有别的班的同学也是队员之一，于是比赛照常进行。其他同学也去围观，不过稀稀拉拉的人数不多，班主任也在观看。裁判少雄老师没有空来，只有松喜默默地在计分，我也去呐喊“加油！”反正给自己班加油是不用省力的！最后我方赢了！我非常高兴！（虽然有点喜剧，但孩子们还是乐在其中！帅哟！！听其他学生说，303 班在篮球方面一直是常胜军哦。原来如此！）

当你往整个运动场上放眼望去，会感受到生命的活力，特别是在各班运动员都在训练各种项目时。由于场地小的缘故操场上显得更加热闹了。实心球、铅球、跳高、跳远、跑步、还有打篮球、打羽毛球、打乒乓球的……场上学生很多，气氛很浓！如果经常有这样的全校性活动或班级活动，整个学校会更具青春活力，这样学生们也不会总想着到外面乱溜达啦，这的确是一件既能强身健体又有益身心的事！同学们可以在一起玩乐，师生也可以在一起活动，感情和凝聚力也更深了！

那天篮球赛后，学生们还能继续训练，真佩服他们的精神！体育实习老师溢涵把跳高器材搬出来给学生们训练，这可能是本学期第一次使用吧，有好几个学生跑过去围观。初三几个同学试了一下，跳得还蛮高的哦！特别是我们班的鑫试跳几次，竟跳出了满意的高度！太让人兴奋了！惊喜！我像发现了宝藏似的赶紧叫这个学生多报了一个跳高项目。开心啊！他应该也是高兴的吧！

## 10 月 27 日

上完课我预留了 15 分钟，跟同学们说了说我到目前为止的感受，其实这是酝酿了好久想说的话，之前跟来利先聊了一番，现在要“广而告之”。时间太快了，近半个学期过去了。他们学得好，他们高兴我也高兴，我引以为荣；他们不学得好，他们自己丢脸我也担心。我希望看到我的学生们都在校园，希望他们都能珍惜剩下的初中时光，我也很珍惜与他们相处的好时光。读书其实是烦恼压力最少的事，等孩子们走进社会遇到各种磨难挑战，那时他们就会明白现在遇到的烦心事是多么不足为奇。现在的时光，以后会怀念的。

不论 303 班的每个人以后是继续读书还是工作，我都希望他们好好珍惜时间，珍惜与同学好友在一起的时光。而我，以后也会怀念 303 班、侨中、凤凰的好山好水好人……（发表演讲似的，不过看到平时睡觉的同学都有在听讲，我很欣慰，这15分钟，你们听进一点点能明白一点点就够了。)

## 10月31日

辉同学加入接力队，逢同学正式退居二线。辉跑第一棒，他以前没有此类经验，稍微有点压力，要加油！不过，从这时起，辉让我感觉到他有很大变化，起码更加有礼貌了，以前他一直很排斥老师，我都适应不过来了。之前他老是说不参加，现在能加入队伍我也非常高兴呢！还有后来加入的钿，虽然他算是半推半就型的，但既然来参加也是值得表扬和鼓励的。

新的一周，要期中考试了。你还别说，或许那15分钟真起作用，和他们相处时，我能感觉到微妙的变化，特别是后排“金刚们”给我的感觉和往常不同了，至于有啥不同的感觉，实在难以言说，哈哈，就不细说了。只能说，他们一点点地往好的方向变化这让我感到很欣慰。

## 11月1日　监考、评卷、成绩

监考两天比给学生上课还累。真的，批改英语试卷看到他们的成绩你会更生气，学生的基础比较差，初三知识越来越难，无力感犹生。值得庆幸的是总成绩普通班全级前十名我们班占了5个（丽、若、芝、玲、文都是女生，男生要加油啊!）。周会上全校表扬了他们，也算值得欣慰的，我为她们感到非常高兴！班级分数也因此多加了10分！好样的！给班里前十名准备的笔记本和前三甲的英语词典（那次活动上用的词典就是找时机送给学生的，现在就是好时机），扉页写上鼓励的话语，终于可以送出去作为奖励了，希望全班也都继续努力！加油！

## 11月3日

结束了两天的初三级期中考试，上午部分运动员来学校训练，好！够积极！一开始我还担心他们训练会吵到初一初二的考试，结果他们的行动证明我的顾虑完全是多余的。唉，不会影响到就好。另外，我也喜欢学生们的激情！佳、娇、璇各自增报了两个项目：1 500米和铅球，这两项运动都是有难度的。铅球是璇和娇以前没学过的，后来让体育实习老师黄湛教他们，哇！8斤的铅球也太重了吧！反正我是拿不稳更不可能扔得很远了，扔铅球还是要有技巧的。(此时的运动员们，我感觉女生要比男生积极一些，男生还是有点懒惰呢。不过到了后期，男生有所改变，哈哈。练着练着，逢、鑫、钿、璇、妮都坐下来和我聊天了。之后我还跟四个学生出去溜达了一圈，盛情难却啊，和他们一起出游的时光也是我美好的回忆!)

## 11 月 9 日　这一天，非常特别，终生难忘

这天中午我还在宿舍给期中考试前十名准备奖品，刚睡下不久，就有学生来敲门，我有点郁闷，干吗午休时间来啊?结果一开门，当时我就震惊了，"华丽丽"地被"雷"倒：一只白色大熊公仔站在门口。璇、敏、芝还有另一个女生抬来的！什么?!她们说是全班集体送我的生日礼物，要提前祝我生日快乐！你知道么，当时天下着雨，我完全无法想象她们四个是怎么把这只东西搬进来的……天啊！这也太夸张了，我感到很意外，也很感动，甚至有点生气，因为一方面这些傻孩子是在破费啊！而且还冒着雨，另一方面他们又实在是很有心很懂事。我的心情很复杂！都不知道要先谢谢他们还是先骂他们几句，我默默地在想都是谁出的主意，既然是全班，怎么让女生来抬重物啊，而且"劳民伤财"啊，小孩子哪来的钱啊?

被学生们这样一刺激我也睡不着了，而且今天很怪，生物实习老师漫说有初一学生问她今天是不是我的生日?!（我：什么?!初一的也知道?!）另一个生物实习老师晓君说她的生物指导老师也在问今天是我生日吗?（我：什么?!老师也知道?!）一般不主动过生日的我就这么"华丽丽"地"被高调"了一回。压力好大，到了下午上课前我突然紧张起来，照理应该照常上课不会有什么事，但是不知是天冷还是什么原因，我竟然"激动"得发抖。

我照旧拿着书本和录音机去上课，结果一推门，天哪！迎接我的是无数的喷雾彩带，我看见同学们的桌椅都围成了圈，中间有个大蛋糕，后黑板画了画也写了祝福语（以前黑板上都是空的!），教室里挂满了气球，大家围着我，给我提前庆生！什么?!我又震惊了——"不用上课么?!"——"班主任同意了。"（我：什么?!班主任也同意了?!我上课前去问第七节班会课要说些什么的时候，他很淡定啊，我都没有发现什么异样，原来班主任也帮你们保密?!）第五节要上课，我的英语课是第六节，课间休息他们速度也太快了吧?!学生们太可爱了，特别是逢、鑫、妮、璇。全班估计还从未如此团结过呢。除了两位请病假的同学，其他同学都到了，非常感谢他们！不过搞得如此盛大我实在还没反应过来，还怕动静太大会影响到隔壁班呢，但孩子们确实让我觉得很温暖很感动，凤凰人的热情我此时才深刻体会到！一系列程序下来，我还被他们"强烈"要求唱歌给他们听。我纳闷不是应该你们给我唱首歌么?

好吧，盛情难却我唱了一段英文歌 *Shining Friend* 和一段中文歌《你和我的时光》，也说了一些话，歌和话语都表达了我的感受。实在有些承受不住这个甜蜜的幸福，但真的非常感谢孩子们！You are the sunshine of my life. Thank you so much！（原来你们那么喜欢我。有点不好意思，我非常开心！）

师生之间的感情如此，也算小成功吧！看着他们的转变和自己的收获，我很欣慰。我想，离开的时候会很舍不得吧。吃完蛋糕后我还跟孩子们合了影，璇说："哇！好像拍毕业照！"哈哈，算是提前预习吧。伴着许多生日快乐的祝福声，我们在教室里就这么拍起来了，很开心的回忆……

第六节下课的清理工作也很迅速就完成了，教室在短时内由混乱变整齐也算是厉害了，言归正传要总结期中考的情况，强调一下往后的学习工作和注意事项，特别是课堂纪律和班风。之后我就把奖品送给前十名了。我很开心，全班都要继续努力加油！顺便通知一下，因天气缘故，原定明天的校运会改期举行，校庆于明早八点在礼堂举行。天公不作美，看来运动员们又要继续训练了……

## 11 月 14 日

由于辉的腿伤，接力队员第一棒换成旭。之前旭都不肯参加，现在他愿意参加了，在班级需要出力的时候他终于挺身而出，太好了！大家都很支持也很期待他的表现！下午训练时，女生没来，有几个男生在，我就帮他们测速，后来鑫去跟老师借接力棒借不到，却带回来一个消息：运动会推迟到 14 周举行！还要过两周啊，同学们看上去很泄气，我也理解，"一鼓作气，再而衰，三而竭"啊！真有学生在喊："不练了！不练了！"我真担心。

## 11 月 15 日

既然推迟了比赛时间，为了不让运动员们偷懒，我给他们定了练习的量。（又叫天叫地了，是啊，这段时间没少折磨他们。）新接力成员之间也需要磨合，要有默契才行。不过后来到底有没有根据我制定的量去练习，就睁一只眼闭一只眼了，哈哈，毕竟训练有时候确实是要劳逸结合的。参加集体活动主要就是让他们更有团结合作和坚持不懈的精神，并从中感受到快乐，享受过程。付出点汗水也是值得的！

## 11 月 15 日　留堂

好吧，是人都会有脾气，忍耐也是有限度的，实在忍无可忍就爆发一下吧。第四节下课放学我就站在门口不让他们走了，对他们发发火也是必须的！他们没敢乱动，看到他们知错了我才放他们回家。我视他们为自己弟弟妹妹的这群孩子，又发什么疯？……最后剩下我一人待在教室，我很想哭，有时候真想干脆置之不理让他们自生自灭算了。不过我没有，眼泪解决不了问题，我也不可能就此放弃！要正视问题！

## 11 月 15 日　晚家访

今天我与班主任一起家访了五位同学。（教育是需要学生自己、老师、家长、学校、社会多方合作的。）家访后的感受：不去了解的话，根本就不知道学生个人、家庭的各种隐情或苦衷，家家有本难念的经。读书对于山区孩子来说，主观客观影响因素很多，学生有很多无奈。看到学生的善良、纯真的笑容，他们有的懂事，有的不懂事，看到家长的各种担心和期望，我的心情很复杂。另外还觉得，这里的孩子会做的事比城市的孩子要多一些。

## 11 月 16 日

今天发生的事给我印象深刻，因为昨天这帮学生被我留堂了。今天早读，我一推门，又吓了一跳！我还以为自己走错了教室，学生全部坐好在读书，整齐极了。我忍住笑，嗯，看来他们知道错了，还算懂事，也全到了，上课表现不错。好吧，知错能改就是好孩子。

下午我陪他们训练时发现鑫很可爱，他的好友楠也很可爱，哈哈，他们一直很搞笑，俩人互相鼓励又互相竞争，他们短跑很厉害！我也发觉其他学生越来越可爱。当他们在午后的阳光中迎面向我走来时，我看到的，是活泼的青春。非常帅！还要特别说一下铨和发，他俩算是我班运动员中最努力训练的两个人了，有时候周末他们也会拉上轩、杰、旭来学校训练，虽然有时候他们会喊脚疼腿疼这疼那疼，但还是坚持下来了。杰和轩都参加了 1 500 米长跑项目，不过杰看起来比轩耐力强，是强大对手哦！后来旭也经常来训练我感到很欣慰。旭人高腿长，练得好，整个队伍会给对手造成巨大的威胁！不过我们也不能轻视对手。有一次下午训练，我们班跟 4 班的接力队比试了一下，虽然 4

班中间掉棒了，但是比我班只慢2秒，实力惊人啊！所以大家要继续努力加油！（当然友谊第一，比赛第二。名次不要看得太重，咱尽力了就不后悔！你们是最棒的！）

## 个别教育

关于针对不同学生的特点进行个别教育，这也是需要在支教实习过程中不断完善的。教师要有绝对的耐心、爱心和责任心，又不失严厉和鼓励，这是作为一个老师要不断提升的素养和技能。老师在与孩子的交流过程中，也是希望通过自己的努力使他/她成为更好的人。

## 担　心

似乎孩子们很喜欢玩失踪？或者动不动就说“如果我消失谁会找我，谁会在乎我”之类的话？要么就老是说“自己就是没人爱”、“自己很多余”之类的话，我真的很想打醒你们！家人亲人不爱你们么？老师不爱你们么？同学好友不爱你们么？兄弟姐妹不爱你们么？就算只剩下自己一个，自己不爱自己么？现在我是老师了，也知道青春期这些无病呻吟是多么的无聊。只是还有源源不断的孩子在烦恼这类问题，好吧，对于十五六岁的青少年来说他们也许都会有烦恼，我以前也一样。但如果因此我们作出一些不负责任的行为伤害自己，让同学、好友、老师、家长担心，那就太不懂事了！如果他们谁不见了，班主任和我一辈子都不会安心。

我在日志里写下：“生命从来就不只是自己的。是家人、亲人、朋友、爱人、所有你爱的和爱你的人的。一个人的突然消失，真的可以让全世界颠倒失眠。不论是谁，请你记住，在这个世界上，你的存在，真的非常非常有意义。真正爱（护）你的人，有一种责任感，会为你着想，甚至为你的亲朋好友着想。真正爱（护）你的人，会给你温暖、安定和依靠。而不是带你抛弃一切，迷失自我，变成一个不负责任的人。”（含义很多，只望同学们慢慢能懂一点，要记得，做什么事情，都要对自己负责。）

……

## 11 月 30 日 “自尊自爱”主题班会

校长要求每个班都要开这个主题班会，班主任让我准备。我准备了一些与主题相关的歌曲、互动问题和故事。提问时互动的氛围挺好，用故事来说明道理孩子们也听得进去。

（1）一百元的价值（我将一张 100 元的人民币揉捏踩扁，延伸到作为人的价值，生命的价值不取决于他人只取决于自己）；

（2）自信是最美的装饰品（要爱自己，自尊、自爱、自信、自强）；

（3）木桶原理（集体的进步需要每个人的进步。一个人前进一小步，集体前进一大步）；

（4）半杯水原理（人要乐观积极向上）。

我说了很多，只希望他们能进一步懂得爱自己、爱集体，团结就是力量，并且要坚强面对困难，不怕失败，迎接挑战，成就更好的自己。这个主题班会还算成功！反响效果不错！准备的东西没白费，我很欣慰。

这天晚上，有学生说看到其他班级都在做加油的标语牌子，问我要不要也来做，我犹豫了一会儿还是做了。那晚也折腾了好久，璇和轩还专门来学校帮忙，跟我出去买材料什么的，我和内宿生兴、鹏、生、瑶、珊还有几个别班的同学一起，终于做好了一块大大的加油板子，为运动员们加油！（还麻烦黄湛在加油板上写了字，那块加油板是孩子们的热情和精心的成果！哈哈，只有对集体的热爱和对校运会的热情才会有心思来做吧。其他班级当晚也非常忙碌，做各种旗子和标语，干得轰轰烈烈。）

“文者称雄，武者称霸，303 班，雄霸天下！”哇！好霸气的口号！303 班，非同一般！

12 月也有重头戏。当仁不让就是校运会（12 月 1 日—12 月 2 日）。

## 校运会第一天

前一天晚上我看到很多同学的 QQ，还有 Q 群里都在为班级加油！我很开心！也很振奋！很激动也很期待这天的到来。三班无敌，所向披靡！

早上六点左右我就能听见一些班级的后勤同学搬桌椅去占位置了，哇！他们多积极多有心！我班的几位内宿男生也七点左右就从班里搬桌椅到场，我下楼看到他们的时候认为位置不好，会晒到太阳。但刚好运动会这两天气温下降，变冷了许多，风也大，我班的位置刚好可以吸取阳光的温暖，于是我觉得，班长真有先见之明啊，虽然有点歪打正着的意思，但是非常让我省心啊！

第一天成绩喜人！轩、娇、佳、瑶、鑫、发开门红！他们的努力和坚持不懈，真的令人动容。发一直有点小紧张，从复赛进入决赛了要继续加油！看到佳跑1 500米，她身体不适还坚持跑完，我很心疼又很感动。瑶说她没让我失望。还有妮和璇这两个姑娘，也都尽力地去比赛，赛后还拼命地为队友和好友们呐喊助威，努力了就不后悔！实在让人感动。娇推铅球出乎意料地她比平时的训练成绩好！（说实话，之前训练时她真的很突出）轩推铅球也创佳绩，1 500米长跑他也坚持不放弃！滨和鑫参加跳远比赛，鑫嘛，有点全场焦点的意思哦！跳远，你要跳就好好跳嘛，他跟我说他一个不小心就跳到沙坑临界，就把第一名收入囊中，真是不好意思噢。听着真开心！跳高呢，初三年级跳高很精彩，几个参赛者都很厉害，但最后剩下两个学生角逐，鑫就是其中之一几位裁判还有其他老师包括我也在围观（我兼拍照记录），跑道外众学生的目光也都聚焦在跳高的地方，可谓万众瞩目啊！每一次跳过更高的高度时，场上都会“哇”声一片。3班和4班的学生很有潜力！要好好培养啊！在比赛时他们要顶住压力，挑战自我。虽然学校的跳高纪录依旧保持着，没有在这届运动会中被打破，但孩子们的表现实在太精彩了！好样的！

我纷纷与孩子们击掌祝贺，差点去抱他们了！哈哈，太开心了！（只参加接力赛的楚玲过后还说好想多参加几项去跑啊！看到大家都在努力地拼搏，她自己也很振奋很受鼓舞吧。）

同学们比赛的时候，我在干吗呢？我也没闲着，应该说是满场飞啦。我边拍照边呐喊，有时候也送送水、发发食物，都说我的声音也不小，我一个人喊出来可以顶好几个学生呢。我不只为自己班学生加油哦，有力气还给别班的学生加油咧！还要谢谢负责后勤的同学们，特别是珊这个生活委员，还有伟彬负责班上学生的安全，还有烧水的喜、山、逢等。运动员有好的成绩，一半是后勤人员的功劳！他们的加油和支持必不可少哦！

白天的运动会结束，晚上内宿生们还有节目。在礼堂，有老师组织的小型晚会，傍晚的时候就开始在试音响了。时不时飘出一些很经典的音乐，声音不小。这天上午物电系的实习老师回侨中来看校运会，他们也为学生们加油！当晚他们也参加了晚会活动。有不少学生唱歌，独唱合唱都有。老师们也唱歌，很厉害哟！接着我就莫名其妙被推上去唱歌，呃，好吧，就唱了首《世界唯一的你》，不知为何就突然想到了要唱这一首。刚好黄湛电脑里有这首歌，献给世界上独一无二的你们。好久没在礼堂台上在众人面前唱歌了，我感觉很奇妙！之后物电系的7位同学就上去唱了《朋友》，为了庆祝大家的友谊！为了庆祝师生的情谊！然后，我们支教队的兄弟姐妹们也合唱了《同一首歌》。其实我们大家相处至今的感情真的很深厚，也很感动，大家在一起有种家庭般的温暖。另外要谢谢献花献气球的同学们。大家一齐来唱歌的环节结束后，还有游戏、灯谜活动，好不热闹！

## 校运会第二天

重头戏中的重中之重会在这天举行，有400米和200米决赛、团体接力赛等等。非常遗憾的是钿脚受伤没办法跑400米，比赛前最怕这种事情了。他自己也很沮丧，毕竟之前或多或少都在训练，如此一来，自己不能参与其中，只好当观众加油了。没关系，身体要紧，我们知道你也是努力想要为班级争光！这样的话，我班就要有一项空缺了，但没想到林同学愿意替他去比赛，写的会是别人的名字不论成绩怎样也算别人的，他居然也愿意，如此伟大，我感到很意外又很感动。他以前跑步很快，但之前生病康复后就没运动，其实让他去比赛我还是有点担忧。但他坚持要去，我们也只好支持他了！不论成绩如何，林坚持不懈地跑到终点，太让我感动了！佳身体还是不太好，但她还是坚持跑完400米，还拿了名次，我感动极了。后面接力赛她的位置就换成瑶了，我认为还是别让她太累。发呢，200米遇到个飞毛腿楠，其实也算输得心服口服啦，楠那孩子轻轻松松就把其他人甩到后面去了，也是相当精彩呢！（运动场上的每一声枪响和沙尘的飞舞，你都会觉得是那么的激动人心！）

接力赛也非常精彩！是校运会中最精彩的项目了吧。初三年级，一、三、五班第一组，二、四、六班第二组。我班的签是班主任黄老师去抽的，男队抽到内道，女队在第二跑道。女队一开始速度不错，可惜最后没能赶上，重在参与，没有关系，同学们你们都是好样的，都那么努力！有个傻丫头还默默流泪了，这么重视班级的比赛，说明她很爱这个班啊，你很努力，你们都做得很好。

男队呢，（我突然想起最初训练时总在换人又有点懒，现在这四个小伙子要一起奋战了！）劲敌四班不会和我班正面对决。赛前，天气真的很冷，成发老是在抖。总之，我把说了很多遍的话再次告诉他们：淡定比赛，尽力了就不后悔！你们是最棒的！我与他们一同手握手加油鼓劲！拉拉队员们也各就各位了，一切蓄势待发。枪一响，运动员们就如离弦的箭！一开始我班稍微有点落后，第三、四棒时后来居上，帅呆了！第四棒鑫这孩子也是轻轻松松地就把其他人甩到后面去了！（但其实前一天他跳跃过多脚是很痛的），他们四人的配合和坚持拼搏非常值得赞赏！我走向终点，看到同学们之前一直表情沉重的脸上终于展开了笑颜，我也很开心！太激动啦！303班的孩子太棒了！鼓掌！

（赶紧给四位护驾端茶送水啊，同学们！其实此时，不论他们最终结果如何，我都不会在意，因为他们很好地完成了一直以来想要努力完成的事情了！团结就是力量啊！）

当然，他们还是很关注第二组的战绩。不出所料，304 班也是小组第一，结果 304 班以 0.46 秒的微弱优势夺得冠军！303 班确实有点可惜了，但强大的对手还真不是盖的！恭喜他们！也祝贺我班的同学们！不必懊恼，你们都是最棒的，全班同学和我还有班主任都为你们感到骄傲！

至此，校运会圆满落幕。愿你们能把坚持不懈和团结进取的精神保持下去，愿你们越飞越高。

喧哗过后是宁静，校运会从训练到比赛的日子实在让我难忘。谢谢孩子们的努力和付出的汗水，初三的你们在侨中参与了最后一次校运会，在运动场上留下了你们的足迹。你们很棒！

……

时间过得太快了，转眼间就接近支教队伍撤离凤凰的日子了，我无比珍惜剩下的时光。

## 颁　奖

那天是周会，天还下着细雨，在周会开始之前，我还担心不能看到全校颁奖呢。三个年级一百多个奖项，体育科组长念了好久，但听的人都是满心期待的。我内心好激动！当每班派代表上去领奖的时候，我班派了鑫，他还有点害羞。哈哈，我真的非常高兴，奖状和奖品放一起厚厚的一叠！全班都很开心！校运会圆满成功。

回到班里，我把学校发的奖状和奖品颁发给获奖的孩子们，然后说了一些话，祝贺他们，但断断续续的，脑袋会突然空白，是因为激动和高兴啊！哈哈，只能一直笑，很开心地笑，我笑同学们也跟着我一起笑，很欢乐。我说完让运动员们也来说两句，但他们都很害羞，说得也不多。沉默是金，笑而不语啊，哈哈！同学们真的非常可爱！他们为运动会所做的努力大家有目共睹，后勤也功不可没！后勤功臣们要大大地表扬！感动、激动、满足、骄傲……各种情绪，说不清道不完……

第一节周会下课后，我拍下了团队接力赛获得的奖状，然后就贴在班里，贴的时候我发现，原来往届 303 班的团体赛成绩都很好哦！不是冠军就是亚军，厉害啊！我们这届也很棒，班主任也非常高兴呢！大家要更加团结！（赛后我在日志摘录了一句话：“你知道什么是失败者吗？真正的失败者是那些特别害怕赢不了甚至不敢去尝试的人。”所以303班的每一位运动员，你们都是胜者！）

第二节英语课后，还剩下一点时间，我把准备送给运动员的奖品拿出来送给他们，也算是一个惊喜吧。看他们看礼物的神情都很喜欢的样子，我也就放心啦。礼物是我给他们每个人从校运会训练到比赛结束期间的照片（所以说我偷拍是有理由的）。那些相片各有不同，都很精彩，不论是搞笑的还是严肃的照片，都给他们留下作留念，我想会是有意义的。除了相片还加了一点小东西，我用信封装了相片，在每个人的信封上写下了不同的鼓励的话语和祝福。希望你们喜欢，希望你们开心，希望你们继续努力！

## 纠　结

运动会过后，我一直强调也希望孩子们能把心收回到学习上，把那些好的精神也用在学习上。当然，人不可能面面俱到，但还是要努力！他们上课还是会有吵闹的时候，我忍不住就说了句气话：“反正我是不清楚何时会离开啦！说不定明天就走！随你们要不要珍惜！”这些话听起来是不是很不成熟呢？可过后就有学生说听到我说走，还真舍不得我走了，哎，这帮学生，我又怎么舍得你们啊?！他们早读有时候也还是像没吃饭一样，真是不骂不行啊！（之后我跟班主任说了撤退的时间，他也惊讶时间的飞快与突然……）

## 被听课

最后几节课，班主任来听课的时候，真是被我那帮学生们搞得笑趴下了，全班静得要命！不紧张的我也被搞得紧张起来，本来忍住笑的，但看到他们的样子我还是笑场了。整节课下来还行吧，如果他们活泼点会更好……

## 篮球赛

那天是周三，班会上班主任强调了一些班级注意事项，特别是期末的学习，然后宣布了我将要撤离的消息。我实在不敢自己讲！我不知道自己讲会发生什么事。接着去篮球场和304班比赛，两班的班主任还有体育老师都来围观，黄湛和溢涵是裁判，孩子们啊，班主任黄老师以前可是篮球健将和教练，要多听听他的意见和指导啊！他的指导能让我们的队伍更强！这场比赛最终我班胜利！

## 眼红红

那天早上在实习教师办公室，时不时会看到有实习老师红着眼眶，早读的时候我补充了点由于班会篮球赛而没讲的话，目的都是希望他们团结友爱更懂事。说着说着就有同学眼睛红红了，我赶紧收敛，我怕我也会跟着哭出来……

## 同学录

“满足一下我小小的心愿吧！”让孩子们给我写一点留言，对于亲笔字迹我有特别的感觉……

## 合　影

在体育课解散后，我和班主任还有全班一起合照，在礼堂前、教学楼前拍了好几张“全家福”，大家很开心。之后散开了想和同学们各自合照的时候，女生们真的很害羞，不是跑开了就是在流眼泪！我也说不出话来，还是男生们配合一点。不过他们也在偷偷抹眼泪，孩子们，老师真的很舍不得，但终究是要分别的，只是早晚而已，但有机会我们还会再见的啊。我还是一直开心地笑着跟他们一起拍照，想把欢笑留下，老师以后会非常想念你们的。（最后两周也一直合照，逮住机会就合照或者偷拍，以往时不时也有拍，但最后的这段时间拍得更频繁了，到晚上还找内宿的学生合照。估计全班都被我合照得烦死了吧。）

## 最后一周

### 周一

这是我们实习支教老师参与的最后一次升旗仪式，我的心情更复杂了，而上周末，班里还发生了学生与学生之间的冲突，哎，冲动是魔鬼！说过第几次了?！实在让人很痛心。自己人闹自己人，像话吗？团结友爱，是班级永恒的主题，还记得吗？听着各种解释，我实在觉得无语……（后来冲突的双方能够冰释前嫌，认识到自己的错误，我很欣慰，也为他们感到高兴！）

**周二**

爱之深责之切，这是以前我初三时候的班主任说的，想起她当时对我们班的付出，那种心情，我现在有那么一点体会了。也就在这天，我终于没忍住，没有喜极而泣，而是留下心痛的泪水（我真是没出息啊哭什么啊!），如果不爱你们，不在乎你们，怎么会有这样的感觉？老师做的任何事，都是为了你们好，对你们的要求，甚至是训斥，也都是出于这个理由。懂事的学生也很难过，之后孩子们有的来向我道歉。哎，我也没有想要搞特殊或怎么样……细节有时候很影响大局，我只希望你们懂事，要团结，好好过完这周，好好过完初中，好好奋斗人生!

**周三**

算是给孩子们先开的一个告别会吧。我说了很多，有关于近期发生的问题，有关于感谢，有关于团结。然后我参考了娟的主意，给班里挂了个时钟，一方面表示我对 303 班情有独“钟”，另一方面希望他们珍惜时间，珍惜在这个班这个学校的美好时光。我送出了 54 封“情书”，是我亲手写给他们每个人的，写下与他们各自相处时的感受、寄语和期望（孩子们感到很惊喜）。学生在教室里做了个心愿墙（有点粗糙），每个同学有一张心形便利贴，写上对 303 班的心愿和寄语。（晚上我就把它们组成心形，绥生还帮忙把运动会的加油标语钉在上面了，这是一种留念，也是一个班级团结的象征。）

第六节课上完之后，孩子们的心也很受鼓舞。第七节的拔河比赛，是之前我跟嘉欢讨论过的活动，让他们在活动中能更团结！我向老师提议。可以举行了，于是我们班向 4 班提出了拔河比赛的邀请，在班会课进行，体育老师做裁判，班主任指导，还引来校长围观了呢。女生比赛就比较喜剧啦，被 4 班女生“秒杀”，很快就输了。男生们合作得很好，动作姿势也很到位，齐心协力，取得了胜利！太棒了！拉拉队也很齐心，大家都很开心，团结就是力量!

**周四**

这节是体育课，也是我最后一次围观他们上体育课，给他们带来了团队游戏：手解千千结、一块五毛和三人四足。本来体育老师是要跟同学们考试 200 米的，他非常慷慨地让我们玩游戏了，非常感谢他。玩得最开心的就是三人四足啦，一开始，先两人三足，一回生二回熟，都后来加到三人、四人、五人、六人、七人……大家配合得很好。肩并肩共同进步，团结就是力量，大家玩得很开心！路过的老师都来鼓掌了呢!

下午我去听课了，这周不用上课，听最后一节英语课。我很怀念这一切，晚上还和数学实习老师雪瑜被同学们拉去打土灶哦。离别前的时光，更让人珍惜。与孩子们在一起的日子都是美好的回忆。

周五

离别时我实在没办法忍住眼泪。兄弟姐妹们收拾好行李在等校车的消息时，我班的学生还没出现，我已经忍不住流泪了。其他实习老师也是，当303班的孩子们下课来送行时，我更是舍不得，怕哭肿的眼睛被他们看到只好带个墨镜。上课了，他们回教室去了，可不一会儿，一帮男生又跑下来了。天啊，我看到他们朝我跑来的时候，实在是受不了了。孩子们回去吧，不要让我们还有学校为难，你们的心意我们懂。看着各班的孩子和各自的实习老师道别，那场面很感人，任何外力都阻止不了如潮水般感动的泪水和依依不舍之情……（回学院的路上我还是没止住泪，孩子们还一直关心我到学院了没等其他事情。谢谢你们给了我特别、美好、难忘的回忆！另外，还要谢谢你们的礼物和心意!）

……

过去的一幕幕仿佛刚刚才发生，天下无不散之筵席。有太多的话都烂在了心里，你们若安好，便是晴天。祝福你们，你们要努力要乐观!

新的一年，加油!

如果要细说的话，说上几天都说不完的，美好的已珍藏在心中。

# 后 记

经过紧张繁忙的编写磋商与校核，《我们的教育叙事——在农村中学顶岗支教的日子》终于呈献给了我们那些可爱的即将成为准教师的大学生，以及热爱教育事业的读者。

以教育叙事的文体出专辑本身并无新意，但以一群鲜活的顶岗支教的大学生自己的亲身经历编辑教育叙事，从学生支教实习的实践中去解读、感悟教育，书写教育与人生却是一件新鲜事。教育是心灵的碰撞，教育是人性智慧的启迪，教育更是大善至美的壮举！师范教育是“母机”教育，如何举大善之美塑造未来的教师，这是当今世界各国都十分重视的课题。韩山师范学院以教师专业发展学校的形式做了初步尝试，也取得了些许成绩。

教师专业发展学校源于美国，其初衷是解决大中小学在教师教育中面临的理论与实践脱节、职前培养与职后提高分离，以及教师专业成长等问题。经过实践检验，不失为一种培养教师的好方式。韩山师范学院以教师专业发展学校为载体，通过顶岗支教、置换教师参与教师教育的培养与培训方式，使双方都获得了效益。2010 年，韩山师范学院与潮州市所辖的 11 所中小学建立了教师专业发展学校的伙伴关系。2011 年 9 月，学院教务处又选派了 80 多名教师教育专业的大四学生，到粤东农村 6 所教师专业发展学校实施顶岗支教，同时置换部分中小学在职教师到学院脱产进修。《我们的教育叙事——在农村中学顶岗支教的日子》一书的内容就是在顶岗支教同学的教育叙事中精心挑选的。通过专业发展学校引导大学生把书本知识应用到实际中，让学生在实践中体悟教育的真正内涵，然后生成自己的教育理念，这体现了教师教育的本真意义。

翻开教育叙事，你可以读到让人心灵颤抖的叙述，有些就是教育心灵的呼唤。叙事中有对后进生耐心教育的默默期待，也有对后进生进行反复教育后无效果的无奈心情，以及既想放弃又不甘心的苦恼描述，这是教育的纠结和涅槃的累积。叙事中有对班级工作的探索，对如何建立班集体，如何激励学生，如何管理学生，甚至如何与学生交知心朋友都跃然纸上。关于教学的体验，叙事中有初为人师的感觉，有对上课前尴尬的描述，有对课堂教学成功的感想，也有对课堂教学技术的反思。关于师生友情，叙事中有动人的情感故事，有分别的心情描述，有对学生、学校的不舍情结。在叙事中，有的学生以教育日记的形式记述了支教的心路，再现了教育实践，其描述有情、有意、有感、有泪、有心。总之，在精选的56篇支教叙事中，我们看到了大学生与农村教育的紧密结合，看到了职前教师成长的心路历程，同时也看到了教师教育发展的方向。

这部教育叙事从策划到编辑出版，韩山师范学院教务处的领导和相关科室的教师做了大量的工作，在此表示衷心的感谢。同时，对参与支教的全体同学表示真诚的谢意，是他们的行为成就了韩师教师专业发展学校的实践，是他们的奋斗拼搏与无私奉献影响了山区的孩子，是他们的叙事为教师教育提供了探索的借鉴。借叙事出版的机会祝福所有撰写叙事的同学以支教为起点，在教育工作中做出闪亮的成绩，没有二心，投身于教育事业，把自己打造成中国的苏霍姆林斯基。

赵复查
韩山师范学院教师教育研究所
2012年4月10日